KB043081

교실에서 바로 활용하는

온앤오프 독서교육

교실에서 바로 활용하는
온앤오프 독서교육

초판 1쇄 인쇄 2021년 12월 16일
초판 1쇄 발행 2021년 12월 23일

지은이 나혜경·추국현·이진아·김성환
펴낸이 하인숙

기획총괄 김현종
책임편집 김진수
디자인 표지 강수진 본문 정희정

펴낸곳 ㈜더블북코리아
출판등록 2009년 4월 13일 제2009-000020호
주소 서울시 양천구 목동서로 77 현대월드타워 1713호
전화 02-2061-0765 팩스 02-2061-0766
블로그 https://blog.naver.com/doublebook
인스타그램 @doublebook_pub
포스트 post.naver.com/doublebook
페이스북 www.facebook.com/doublebook1
이메일 doublebook@naver.com

ISBN 979-11-91194-53-1 (03370)

교실에서 바로 활용하는

온앤오프 독서교육

나혜경·추국현·이진아·김성환 지음

더블북

이 책을 한마디로 코로나 팬데믹에 최적화된 교실수업을 위한 '에듀테크로 배우는 스마트한 융합독서'의 결정판이라고 칭하고 싶다. 코로나로 인해 교실 현장과 수업 방법에도 많은 변화를 가져왔다. 이러한 위기를 극복하고 온·오프라인의 블랜디드 러닝을 통한 학습 효과를 높이기 위해 에듀테크 플랫폼을 활용해 밋밋한 독서교육을 흥미롭게 풀어낸 젊은 교사들의 안목에 경이와 찬사를 보낸다.

특히, 수업에 즉시 활용할 수 있는 현장 중심의 실천 자료가 풍부해 독서교육과 온·오프라인 수업 준비를 위한 선생님들의 수업 전문성 향상과 교실 수업 개선에 큰 도움이 될 것으로 확신한다.

전라남도 여수교육지원청 교육장 **김해룡**

교육 환경과 사회적·시대적 요구에 따라 교육 환경 및 방법에도 변화가 있어야 한다. 단순한 지식을 학습하고 생산하는 수준에서 벗어나 다양한 학문 간의 융합을 통한 새로운 지식을 창출하는 것이

현 시대에서는 필요하다. 이 책은 전 인류에게 많은 가르침을 주었던 인문학적인 요소에 현 시대의 교육 방법인 에듀테크가 접목되고, 또한 다른 과목과의 융합적인 접근이 소개된 '독서교육 중심의 융합 교과서'이다. 코로나 팬데믹 상황으로 교실 환경의 모습이 매우 달라진 시대에 오프라인 독서교육 수업뿐만 아니라 온라인 수업에도 활용할 수 있는 좋은 안내서가 될 수 있을 것이다.

광주교육대학교 교수 **황윤환**

미래 교육을 선도하는 젊은 네 분의 교사가 에듀테크를 활용한 독서교육에 관한 책을 엮는다니 호기심과 더불어 기대가 된다. 개인적으로 인간의 삶에 독서 활동이 그 무엇보다 중요하다는 것을 역설하고 교육하는 사람으로서, 시대의 흐름에 부합하는 독서교육 자료가 만들어진다는 것에 박수를 보낸다. 책을 엮는다는 것은 내 지식과 경험을 기록해 공유하는 것이다. 공유한다는 것은 소중한 나눔이다. 이 귀한 책이 독서수업을 실천하는 교실 현장의 선생님들에게 독서 나눔의 길잡이가 됐으면 한다. 책을 누구나 만들 수 있지만 아무나 만들지는 못한다. 대단한 일을 실천하며 열정적으로 생활하는 젊은 교사들의 밝은 미래가 보인다.

쌍봉초등학교 교장 **정병도**

2년 동안 한 학교에 근무하며 이 책 저자인 네 선생님을 지켜보았다. 그래서 이들이 학생들에게 얼마나 최선을 다하고 수업에 열정적인지를 안다. 그 네 분의 열정과 경험, 그리고 노하우가 열매를 맺어 한 권의 책이 됐다.

이 책에는 온라인과 오프라인 수업에서 적용 가능한 다양한 독서수업 방법이 담겨있다. 선생님들이 수업 현장에서 적용하고 실천했던 것들을 담았기에 더 친절하고 구체적이고 생생하다. 독서수업에 어려움을 느끼거나 관심 있는 선생님, 온라인 수업에 어려움을 느꼈던 모든 선생님께 이 책을 추천한다. 수업 현장에서 많은 도움이 될 것이다.

웅천초등학교 교감 **박윤자**

책 읽기에 관한 책은 무수히 많이 봤다! 하지만 온라인과 오프라인에서 모두 활용 가능한 독서수업 책은 매우 드물다. 그래서인지 매우 신선하고, 내용이 알차다. 차세대 교육인 에듀테크에 대한 다양한 꿀팁을 제공하고, 따뜻한 감성을 실었으며 읽기와 쓰기에 흥미를 갖게 하는 구성으로 이루어져 빨리 수업을 해보고 싶다는 생각을 들게 한다. 좋아할 아이들의 모습도 그려진다.

달라지는 교육 현장을 겪고, 먼저 움직인 후배 교사들의 새로운 시선과 한땀 한땀 엮은 깊이 있는 내용은 읽는 이에게 풍성한 수확을 얻게 할 것이다.

도원초등학교 교사 **윤현정**

CONTENT

그림책으로 하는 계기 교육

CONTENT

3부 스마트한 ON 책 읽기

1장 …3 · 4학년 추천

2장 …5 · 6학년 추천

4부 온책읽기 추천 도서

1부

온·오프 독서교육 기초 다지기

1장

리딩 ON
글과 친해지는 5가지 방법

성공적인 독서 수업을 위해서는 학생들이 글과 친해지는 것이 중요합니다. 하지만 많은 학생들이 글을 좋아하지 않습니다. 왜 그럴까요? 많은 학생들이 숙제, 시험, 공부 등 학습적인 목적으로 글을 접하게 되고 글을 쓸 때에는 길게 잘 써야 한다는 부담감을 가지고 있기 때문입니다. 그렇다보니 글을 읽고 쓰는 것을 좋아하지 않는 학생들이 많습니다. 하지만 글을 읽고 쓰는 것은 학교 수업에 있어 빠질 수 없는 요소이며 글을 읽고 쓰는 것은 모든 활동의 바탕이 되기 때문에 매우 중요합니다. 학생들이 글과 친해질 수 있도록 돕는 것은 독서교육 뿐만 아니라 학생들의 학습능력을 향상시키기 위해서도 반드시 필요합니다.

학생들이 글과 친해질 수 있는 활동을 계획할 때에는 고려해야 할 것들이 있습니다. 먼저, 짧은 글부터 활용해야 합니다. 긴 글을 처음부터 제시하면 글과 친해지기도 전에 거부감부터 줄 수 있습니다. 짧은 글부터 활용하여 읽기에 대한 부담을 덜어주는 것이 중요합니다.

다음으로, 긴 글이 아닌 한두 문장을 쓰는 것부터 시작해야 합니다. 글은 무조건 길게 써야 한다는 부담감을 덜어주고 자신이 편하게 쓸 수 있는 범위 내에서 글을 쓰는 경험을 많이 제공하는 것이 좋습니다. 한 문장 또는 두세 문장을 써보는 활동부터 진행하면 학생들이 훨씬 편하게 글을 쓸 수 있습니다.

마지막으로, 학생들의 흥미를 유발할 수 있어야 합니다. 아무리 짧은 글을 읽거나 쓴다고 해도, 너무 어렵거나 흥미를 유발하기 어려운 주제를 활용한다면 글과 친해지기 어렵습니다. 학생들이 흥미로워 하는 주제를 활용한 글 읽기, 쓰기 활동을 진행하면 학생들이 활동에 적극적으로 참여할 수 있고, 글에 대한 흥미도 높일 수 있습니다. 흥미로운 주제란 학생들이 일상생활에서 접할 수 있거나 평소 상상만 했던 주제들, 관심 있어 할 만한 주제, 다양한 생각이 나올 수 있는 주제 등이 해당됩니다.

〈학생들이 글과 친해질 수 있도록 하기 위해 고려해야 할 것〉

1	짧은 글부터 활용하기
2	한두 문장 쓰는 것부터 시작하기
3	흥미로운 주제 활용하기

이번 장에서는 앞서 설명한 세 가지 조건을 고려하여 구상해본 다섯 가지 활동을 소개하려고 합니다.

〈학생들이 글과 친해질 수 있도록 하기 위한 다섯 가지 활동〉

	활동 명	고려한 조건
1	마음을 열어주는 글 - 시 쓰기	1, 2 조건
2	마음을 표현하는 글 - 우리 반 마음 사전 만들기	2, 3 조건
3	마음에 새기는 글 - 가치 사전 만들기	2, 3 조건
4	생각을 묻는 글 - 질문 만들기	1, 2 조건
5	생각을 키우는 글 - 주제 글쓰기	2, 3 조건

첫 번째로 '마음을 열어주는 글 – 시 쓰기'는 첫 번째와 두 번째 조건을 고려한 활동입니다. 비교적 길이가 짧은 시를 활용하여 시를 읽고 시인이 말하고자 하는 것을 찾아보면 글 읽기의 부담을 덜어줄 수 있습니다. 시는 짧지만 글 속에 깊은 뜻이 담겨 있습니다. 학생들과 글 속에 숨은 뜻을 찾는 활동을 진행하면 학생들의 문해력도 높일 수 있습니다.

두 번째로 '마음을 표현하는 글 – 우리 반 마음 사전 만들기'는 두 번째와 세 번째 조건을 고려한 활동입니다. 다양한 마음(감정)들을 활용하여 짧은 글짓기를 함으로서 학생들의 글쓰기 능력의 기초를 다질 수 있고, 다양한 마음에 대한 이해 또한 높일 수 있어 인성교육과도 연계할 수 있습니다.

세 번째로 '마음에 새기는 글 – 가치 사전 만들기'는 두 번째와 세 번째 조건을 고려한 활동입니다. 주어진 가치에 대한 자신의 생각을 써보고 연관된 그림을 추가하여 하나의 작품을 만드는 활동입니다. 이 활동은 도덕, 미술 교과 등 다양한 교과와도 연계가 가능합니다.

네 번째로 '생각을 묻는 글 – 질문 만들기'는 첫 번째와 두 번째 조건을 고려한 활동입니다. 간단한 글(수준에 따라 긴 글 활용 가능)을 읽고 학생이 질문을 직접 만들어야 하기 때문에 글을 더욱 집중해서 읽을 수 있게 하는 활동입니다. 만든 질문을 서로 묻고 답하는 활동을 퀴즈, 게임 형태로 진행하면 학생들의 흥미도 높일 수 있습니다.

마지막으로 '다섯 번째 생각을 키우는 글 – 주제 글쓰기'는 두 번째와 세 번째 조건을 고려한 활동입니다. 간단하게 적을 수 있는 주제부터 깊고 다양한 생각을 담을 수 있는 주제 등 학생들의 수준을 고려하여 주제를 제시하는 것이 중요합니다. 자신의 생각을, 상상력을 마음껏 발휘해 글을 써볼 수 있는 경험을 제공하여 글쓰기에 대한 자신감을 키워줄 수 있습니다.

❶ 마음을 열어주는 글: 시 읽고 쓰기

여러 가지 종류의 글 중에서 학생들이 가장 쉽게 읽고 쓸 수 있는 것은 시라고 생각합니다. 길이가 짧은 편이라 읽고 쓰는 것에 부담이 적기 때문입니다. 하지만 평소에 시를 접할 일이 많이 없어 낯설어하는 학생들이 많습니다. 그런 학생들을 위해 이해하기 쉬운 시를 활용해 함께 읽고, 시가 전하고자 하는 메시지에 관해 이야기 나누는 것부터 차근차근 활동을 진행했습니다. 여러 번 함께 이야기를 나누다 보니 어느새 학생들은 시가 전하는 메시지를 잘 이해했습니다. 많은 학생이 시를 점점 좋아하게 됐고, 시를 쓰는 활동을 통해 글쓰기에 자신감을 얻는 학생들도 점점 늘어나게 됐습니다. 그러면 지금부터 시 읽고 쓰기 활동에 대해 자세히 알아보겠습니다.

● 수업 준비

아이들에게 들려주고 싶은 시를 선정해야 합니다. 처음에는 짧거나 전하려는 메시지가 잘 드러나는 시부터 준비하는 것이 좋습니다. 어느 정도 학생들이 시를 이해하기 시작하면 각 반의 특성에 맞게 학생들에게 전달하고 싶은 메시지가 담긴 시 또는 함께 이야기 나누고 싶은 주제가 담긴 시를 준비하면 됩니다.

친구들 간의 다툼에 대해 이야기하고 싶을 때는 박혜선의 「내 사과 받아줘」라는 시를, 조금씩 노력하면 우리 모두 용기 있는 사람이 될 수 있다는 메시지를 전달하고 싶을 때는 정진아의 「용기」를, 모두들 처음에는 서툴지만 노력하다 보면 결국에는 잘 해낼 수 있다는 메시지를 전달하고 싶을 때는 이안의 「모두들 처음엔」을 활용했습니다.

● 활동 방법

(1) 시 읽고 이해하기

처음에는 시를 함께 읽어 보며 시가 전하려는 메시지를 찾아봤습니다. 이렇게 몇 번 연습하고 난 다음부터는 학생들 스스로 메시지를 찾아서 적어 보게 하고 난 뒤 이야기를 나눠 봤습니다. 이 활동은 붙임 쪽지에 자신의 생각을 적고 학습 보드판에 붙이며 이야기를 나누는 형태로 진행할 수 있습니다.

패들렛, 띵커보드 활용하기

시가 전하려는 메시지를 붙임 쪽지에 적는 활동은 패들렛(담벼락 또는 셀프)과 띵커보드(타일형, 그룹형)를 이용해 진행할 수 있어요.

패들렛과 띵커보드를 활용하면 어떤 점이 좋을까요?
① 온라인 수업의 경우에도 서로의 생각을 확인 가능
② 친구들의 생각을 실시간으로 확인 가능
③ 수업 내용 오랫동안 보관 가능

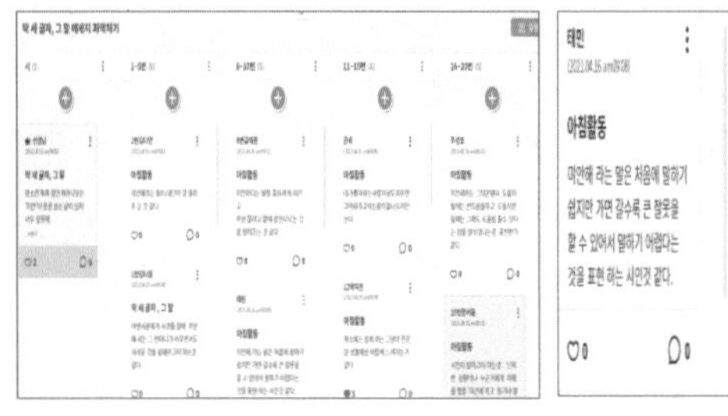

시 읽고 이해하기 – 띵커보드 활용

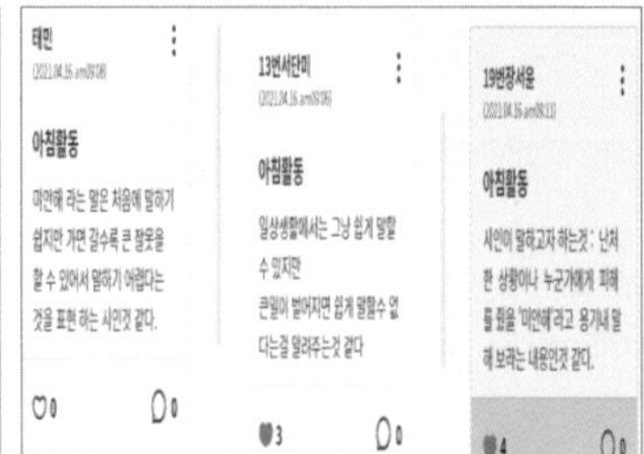

시 읽고 이해하기 – 띵커보드 활용

(2) 시 바꿔 쓰기

시가 전하려는 메시지를 찾아본 뒤에는 시 바꿔 쓰기 활동을 했습니다. 시 바꿔 쓰기는 내가 읽은 시의 일부를 바꿔 쓰는 활동입니다. 처음 바꿔 쓰기를 할 때는 시의 단어를 바꾸는 식의 바꿔 쓰기를 하는 것이 좋습니다. 시에 나온 '별'을 '달'로, '하늘'을 '바다'로 바꾸는 형태로 시를 쓰는 것은 어렵지 않아 누구나 쉽게 할 수 있기 때문입니다.

학생들이 이 방법에 익숙해지면 문장 바꿔 쓰기 활동으로 넘어갑니다. 주제 하나를 듣고 시 한 편을 완성하는 활동은 시를 많이 접하지 못한 학생들에게는 매우 어려운 활동일 수 있습니다. 그래서 시의 일부를 바꿔 써보는 활동으로 시 쓰기를 자연스럽게 익힐 수 있도록 하는 것이 중요합니다. 하나의 시를 완성해야 하는 것이 아니기 때문에 부담이 줄어들어 학생들이 더 편한 마음으로 시를 쓰도록 도와줄 수 있습니다. 이런 방법으로 꾸준히 연습하다 보면 2학기쯤에는 학생들 스스로 한 편의 시를 쓰는 것이 어렵지 않게 됩니다. 학생들이 스스로 시를 쓸 수 있는 능력이 어느 정도 길러지면 그때

〈바꿔 쓰기 예시〉

「용기」 시 일부	「용기」 시 바꿔 쓰기
용기를 내 용기를 내 주문을 걸어 보지만 용기가 안 난다.	힘을 내 힘을 내 주문을 걸어 보지만 힘이 안 난다.

부터는 오늘 감상한 시와 같은 주제로 나만의 시 쓰기 활동을 진행하면 됩니다.

(3) 선택 활동 – 나와 시 연결하기

시를 감상하고 난 뒤, 시의 특성에 맞게 간단한 활동을 할 수 있습니다. 정진아의 「용기」라는 시를 예로 들어 설명해 보겠습니다. 「용기」의 '작은 용기 씨앗 마음에 심는다. 생각나면 물도 주고 생각나면 들여다보고' 이 구절을 활용해 내가 심고 싶은 씨앗에 대해 이야기하는 활동을 진행할 수 있습니다.

실제로 수업을 해 보니 자신감이 부족한 친구들은 자신감을, 긍정적인 마음이 부족한 친구들은 긍정을, 끈기가 부족한 친구들은 끈기를 심어 보고 싶다고 적었습니다. 누나와의 싸움에서 매일 지는 아이가 '힘의 씨앗을 심고 싶다'라고 적은 재미있는 답변도 있었습니다. 이를 바탕으로 실생활과 연계한 활동을 진행할 수 있습니다. 자신감이 부족하다고 말한 학생은 자신감을 기를 수 있는 활동인 '발표를 일주일에 한 번 하기', 긍정적인 마음이 부족하다고 말한 학생은 '하루에 긍정적인 생각 한 줄 적기' 등의 목표를 정하고 일주일 뒤 목표를 이뤘는지 이야기할 수 있습니다.

마음을 열어주는 글

'시 읽고 쓰기' 수업 한눈에 보기

● 수업 준비

- 전하려는 메시지가 잘 드러나는 쉬운 시부터 준비하기
- 학생들이 시에 익숙해지면 내가 전하고 싶은 메시지가 담긴 시 준비하기

● 활동 방법

① 시 읽고 이해하기

- 시 읽어 보기
- 시가 전하고자 하는 메시지 찾아보기
- 서로의 생각 공유하기 (ON 패들렛, 띵커보드 활용)

② 시 바꿔 쓰기

- 시의 일부 바꿔 쓰기
  (해 → 달, 사과 → 수박 등 단어를 바꿔 쓰는 것부터 시작해 문장 바꿔 쓰기 활동으로 넘어가기)
- 바꿔 쓰기를 통해 시 쓰기 연습 후 나만의 시 쓰기 활동하기(읽은 시와 같은 주제로 새로운 내용의 시 쓰기) (ON 미리캔버스 활용)

③ 선택 활동 – 나와 시 연결하기

- 시의 특성에 맞는 활동 구상하기
- 활동을 통해 서로의 생각 나누기

▶ 시 바꿔 쓰기 활동 사진

누가 뭐래도

신호등
빨간불을 보렴

규칙을 지키도록
빨간불은 반짝이지?

빨간불은
차로부터 사람을.
사람으로부터 운전자를
지켜주기 위해
반짝이지

너도 그래

누가 뭐래도
넌

내 마음속에
빨간불이야

나를 지켜주는
빨간불

내가 멈출수 있도록
나를 지켜주는
빨간 불

❷ 마음을 표현하는 글: 우리 반 마음 사전

인성교육에 있어서 매우 중요한 부분은 '공감 능력'을 길러주는 것이라고 생각합니다. 다른 사람의 감정에 공감할 수 있다면 다른 사람의 입장에서 생각할 수 있는 자세를 가질 수 있기 때문입니다. 공감 능력을 기르기 위해서는 먼저 다양한 감정에 대한 이해를 높여야 합니다. 다양한 감정을 이해할 수 있어야 나와 다른 상대의 마음도 이해할 수 있기 때문입니다. 그래서 다양한 마음에 대해서도 이해할 수 있고, 간단하게 글도 써볼 수 있는 우리 반 마음 사전 활동을 진행했습니다. 처음에는 '기쁘다'라는 마음에 '상을 타서 기쁘다.', '학원을 안 가서 기쁘다.' 등의 단순한 글만 적는 경우가 많았지만, 마음을 자세히 표현한 친구의 글을 함께 읽어 보고 이야기를 나누다 보니 학생들이 적는 글의 내용이 점점 좋아지는 것을 확인할 수 있었습니다. 그러면 지금부터 우리 반 마음 사전 활동에 대해 자세히 알아보겠습니다.

● 수업 준비

학생들과 여러 가지 마음에 관해 이야기 나누기 위해 박성우 시인의 책『아홉 살 마음 사전』을 활용했습니다.『아홉 살 마음 사전』은 여러 가지 마음의 뜻과 상황이 잘 나타나 있는 읽기 쉬운 책입니다. 먼저 그 책에 나오는 여러 가지 마음 중 이야기 나누고 싶은 마음을 선택했습니다. 긍정적인 마음뿐만 아니라 부정적인 마음도 준비해 학생들이 다양한 마음에 대해 이해할 수 있도록 했습니다.

우리 반 상황에 맞는 마음을 준비하는 것도 좋습니다. 현장체험학습이 취소됐을 때에는 '아쉽다' 또는 '속상하다' 등의 마음을, 우리 반이 체육대회에서 1등을 했을 때에는 '벅차다', '뿌듯하다' 등의 마음을 준비하면 학교생활과 연결된 활동을 할 수 있습니다.

● 활동 방법

준비한 마음의 뜻을 먼저 알려주고 이 마음과 관련된 상황을 생각해본 뒤 간단한 글을 적어 보는 형태로 활동을 진행했습니다. 이때, 자신의 경험을 적는 방법, 상황을 상상해서 이야기를 적는 방법 중 하나를 선택해 적을 수 있도록 안내했습니다. 학생들이 자신의 경험을 적는다면 학생들이 요즘 겪는 일, 생각 등을 알고 이를 학생들과의 유대감 형성, 고민 들어주기 등으로 활용할 수 있습니다. 자신의 경험이 떠오르지 않거나 없는 경우에는 관련된 상황을 상상해 적는 방법을 활용했는데, 이 경우에는 키워드를 활용한 짧은 글짓기를 연습할 수 있어 다양한 글쓰기에 대한 경험을 제공할 수 있습니다. 학생들이 적은 내용은 학습 보드판과 붙임 쪽지를 활용해 다른 학생들도 읽을 수 있게 했습니다.

예를 들어, '괴로워'라는 마음을 활용한 마음 사전 활동을 한다면, 먼저 학생들과 '괴로워'의 의미에 대해 이야기를 나누었습니다. 다음으로 '괴로워'를 키워드로 해 자신이 괴로웠던 경험을 적거나 괴로운 상황을 상상해 적어 보았습니다. 한 학생은 '띠링 띠링 휴대

폰이 울려요. 휴대폰을 켜 확인해 보면 나의 욕과 비하로 가득해요. 두려운 마음 먹고 학교를 가면 속닥속닥 나를 향해 욕설이라는 칼을 내 마음에 꽂아요. 아 괴로워.'라고 적으며 괴로움이 느껴지는 상황을 학교 폭력 상황으로 설정하고 상상해 적었습니다. 다른 학생은 '오늘 아침에 1등으로 교실에 올 수 있었는데 자신보다 더 빨리 걷는 학생이 교실에 더 빨리 들어와서 괴롭다. 하지만 나는 앞으로 이런 것을 괴로워하지 않을 것이다.'라고 자신의 경험을 적기도 했습니다.

패들렛, 띵커보드 활용하기

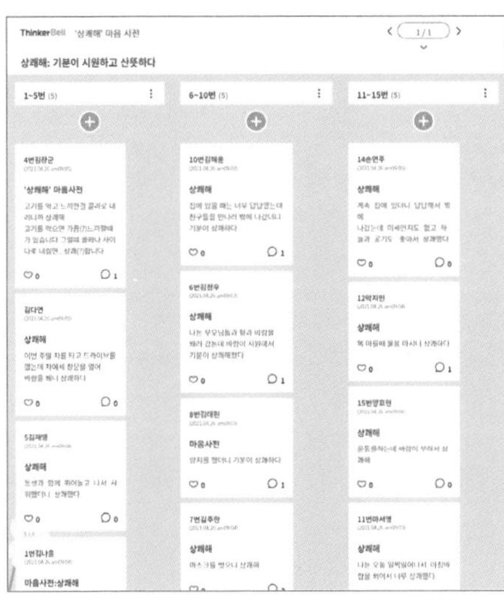

마음 사전 – 띵커보드 활용

패들렛 또는 띵커보드에 자신의 글을 적고 이야기를 나눠볼 수 있어요! 친구가 쓴 글을 바로바로 볼 수 있어 함께 대화를 나누기 좋아요.

마음을 열어주는 글

'우리 반 마음 사전' 수업 한눈에 보기

● 수업 준비

- 다양한 마음을 조사하거나, '아홉 살 마음 사전' 책 활용해 이야기 나눌 마음 준비하기
- 긍정적인 마음(기쁘다, 즐거워 등)과 부정적인 마음(괴로워, 슬퍼 등) 모두 활용하기

● 활동 방법

오늘의 마음과 관련된 나의 경험을 적거나, 상상해 적기(ON 패들렛, 띵커보드 활용)

〈'답답해' 마음을 활용한 수업 예시〉

자신의 경험을 적은 경우	동생 수학 문제를 가르쳐 주는데 이해를 잘하지 못해서 답답했다. 그래도 마음을 다잡고 계속 가르쳤더니 결국 동생이 이해를 해서 뿌듯했다.
상황을 상상해서 적은 경우	쿵쾅 쿵쾅 마음의 문을 두들겨요. 아무도 내 마음을 열어주진 않지만 오늘도 마음의 문을 두들겨요. 답답해, 답답해. 누구라도 내 말에 응해 줬으면.

● 활동 사진

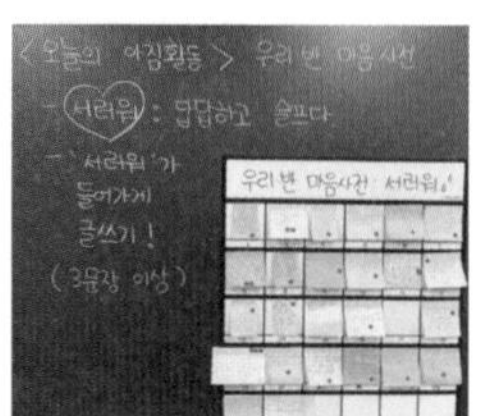

우리 반 마음 사전 활동 사진

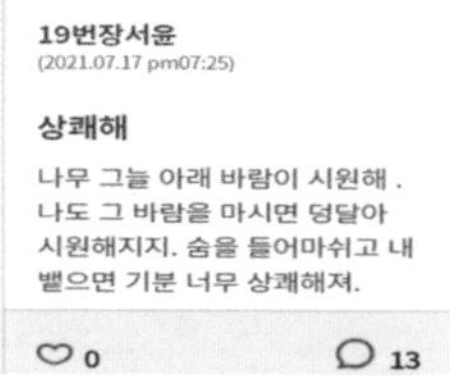

우리 반 마음 사전 –띵커보드

❸ 생각을 정리하는 글: **가치 사전 만들기**

도덕 수업을 진행하며 '학생들이 이 단원의 핵심 가치를 조금 더 쉽게 이해하고, 받아들이려면 어떻게 하면 좋을까?'라는 고민이 생겼습니다. 도덕 수업이 대부분 가치를 제시하고 그 가치의 정의를 설명하는 형태로만 진행됐기 때문입니다. 고민 끝에 도덕책에서 정해 주는 정의가 아닌 나만의 정의를 내릴 수 있는 가치 사전을 만들어 보는 활동을 진행했습니다. 다양한 인성교육 시간 또는 도덕 수업 첫 시간에 그 단원의 핵심 가치를 배우고 그 가치와 관련된 생각을 정리한 가치 사전을 만들어 보며 학생들과 가치에 대해 더 깊게 생각해보았습니다. 그러면 지금부터 가치 사전 만들기 활동에 대해 자세히 알아보겠습니다.

● 수업 준비

가치 사전을 만들기 위해서는 가치 사전에 넣어야 할 요소들을 정해야 합니다. 수업하고자 하는 의도에 맞게 요소를 정하면 됩니다. 처음부터 가치 사전을 만들라고 하면 어려워하는 학생들이 있을 수 있으니, 연습 활동으로 한두 개의 요소만 정해 간단히 이야기하는 활동으로 시작하는 것이 좋습니다.

〈가치 사전에 넣을 요소의 예시와 설명〉

① 정의	교과서에 나온 정의가 아니라 나의 언어로 정의해 보기 예) 행복: 기쁘거나 만족을 느끼는 감정
② 중요성	이 가치가 중요한 이유 적어 보기 예) 행복해야 삶을 긍정적으로 살 수 있기 때문에 행복은 중요하다.
③ 비유	가치를 다른 대상에 빗대어 표현해 보기 예) 행복은 마치 꽃 같다. 왜냐하면 행복은 꽃처럼 아름답고 특별하기 때문이다.
④ 문장 만들기	가치를 넣어 문장 만들어 보기 예) 금요일은 내게 엄청난 행복을 주는 날이다.

* 이 외에도 색, 예시 등의 요소를 추가할 수 있습니다.

● 활동 방법

가치 사전을 만들기 전에 학생들의 이해를 돕기 위해 가치 사전을 꼭 포함돼야 할 요소들을 안내하고, 관련 예시를 보여주는 것이 중요합니다. 가치 사전을 만든 뒤에는 서로의 가치 사전을 살펴 보며 이야기 나누는 시간을 가져보면 좋습니다.

가치 사전은 단순히 도덕 시간에만 쓸 수 있는 방법이 아닙니다. 토론 또는 토의를 하기 전 주제와 관련된 가치에 대해 가치 사전을 만들어 보며 생각을 정리하고, 그 생각을 바탕으로 자신의 입장을 정하는 토론 또는 토의 전 활동으로도 쓸 수 있습니다.

예를 들어, '폭력을 멈추기 위해 비밀을 폭로하는 글을 쓴 주인공의 행동은 정의로운가?'(책 『정의의 악플러』)라는 주제로 토론을 한다고 하면 토론을 하기 전 내가 생각하는 정의가 무엇인지 정리해야 합니다. 자신의 생각을 정리해 가치 사전을 만들어 보면 토론을 할 때 자신의 입장을 정하는 데 도움이 됩니다.

우리 반 가치를 정하거나, 인성교육을 할 때도 활용할 수 있습니다. 우리 반이 꼭 지켜야 할 가치를 반 아이들이 스스로 정하고 그 가치에 대한 자신의 생각을 정리하는 활동에 활용하면 됩니다. 이것을 바탕으로 학급을 위한 규칙을 정하는 것으로도 연결할 수 있습니다.

미리캔버스 활용하기

온라인 수업을 할 때, 그림, 꾸미기 실력과 상관없이 누구나 좋은 작품을 만들 수 있도록 수업하고 싶을 때 미리캔버스를 활용해 보세요.
가치 사전 만들기는 글과 그림이 합쳐진 형태의 결과물을 만들어 내야 하는 활동이라서 그림에 자신이 없는 학생들에게는 어려운 활동이 될 수도 있습니다. 이러한 문제점을 보완하기 위해 미리캔버스를 활용하면 좋습니다.

생각을 정리하는 글

'가치 사전 만들기' 수업 한눈에 보기

● 수업 준비

- 가치 사전에 넣을 요소 선택하기

〈가치 사전에 넣을 요소 예시〉

정의	중요성	비유	문장 만들기	기타 (색, 예시 등)

● 활동 방법

- 몇 가지 요소들에 관해 이야기 나누며 가치 사전 연습하기
- 가치 사전에 넣어야 할 요소를 안내하고, 예시 작품 보여주기
- 가치 사전 만들고 서로의 작품 공유하기(ON 미리캔버스)

〈'정의' 가치 사전 예시〉

정의	다수에게 올바르게, 정당하게 행동하는 것
중요성	정의가 없으면 이 세상은 그 누구도 남을 도와주지 않고, 남을 욕하고, 집단 폭력까지 하는 사회가 될 것이다.
비유	정의는 교과서다. 왜냐하면 올바른 것을 남에게 보여주기 때문이다.
문장 만들기	정의로운 사회를 위해서는 나부터 한 발짝 실천해야 한다.

● 활동 사진

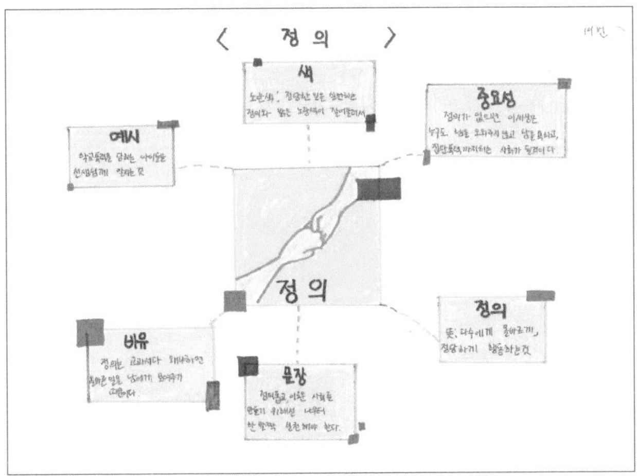

가치사전 활동 사진

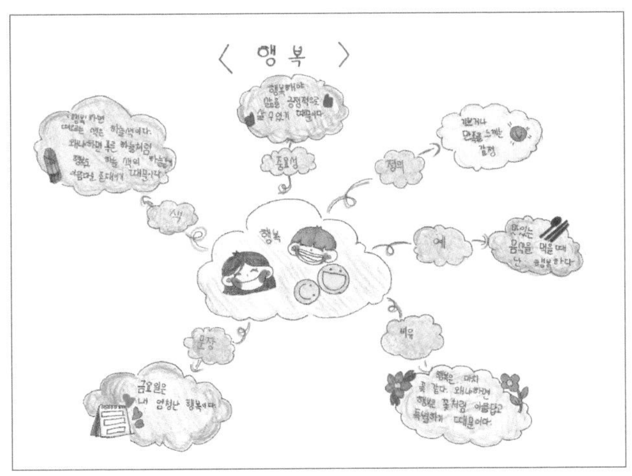

가치사전 활동 사진

❹ 생각을 묻는 글: **질문 만들기**

주어진 글을 읽고 질문을 만들어 보는 활동은 능동적으로 수업에 참여할 수 있게 합니다. 저는 학생들과 함께 글을 읽고 질문을 만들어 보는 활동을 하며 학생들이 주어진 글을 얼마나 이해했는지 확인하고, 수업에 적극적으로 참여할 수 있도록 지도하고 있습니다. 그러면 지금부터 질문 만들기 활동에 대해 자세히 알아보겠습니다.

• 수업 준비

질문 만들기 활동을 하기 위해서는 사전 지도가 필요합니다. 먼저, 학생들이 질문의 종류를 이해하고 있어야 합니다.

①**사실 질문:** 이야기에서 바로 확인할 수 있는 사실, 있었던 일에 대한 질문. 누가, 어디서, 무엇을, 어떻게 등 눈에 보이는 사실적인 것들을 묻는 질문. 누가 그런 행동을 했는지, 주인공이 무엇을 했는지, 어디서 그 사건이 일어났는지 등이 해당.

②**생각 질문:** 이야기에서 눈에 보이지 않는 생각을 묻는 질문. '왜'가 들어가는 질문. 그 인물이 왜 그런 행동을 했을지, 왜 그런 사건이 일어났는지 등의 질문들이 해당.

③**마음 질문:** 눈에 보이지 않는 감정, 마음을 묻는 질문. 주인공이 이 상황에서 어떤 마음이었을 지를 묻는 질문이 해당.

④**상상 질문:** 이야기에 드러나지 않는 부분을 상상하거나 이야

기의 주인공을 바꾸어 상상해보는 질문. 만약 주인공이 이렇게 행동했다면 이야기는 어떻게 달라졌을지, 만약 나였다면 이 상황에서 어떻게 행동했을지 등을 묻는 질문이 해당.

학생들에게 이 네 개의 질문의 종류에 관해 설명하고, 신데렐라 등과 같은 누구나 아는 이야기 또는 교과서에 나오는 지문을 활용해 연습하는 것이 좋습니다.

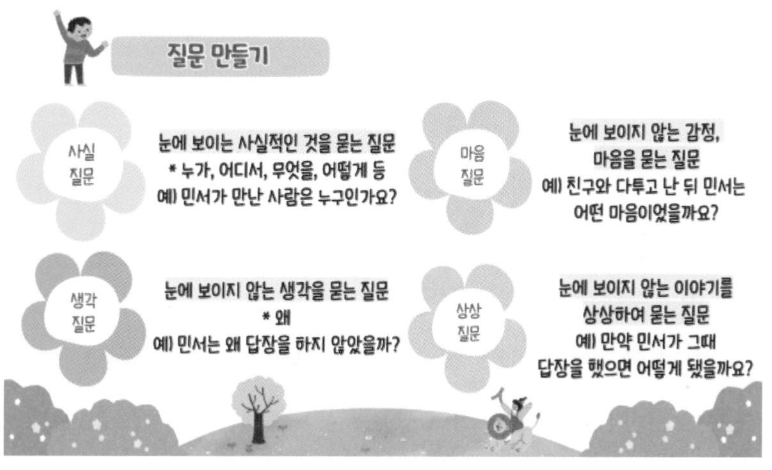

질문 만들기 설명 자료

〈질문 만들기 예시 – '신데렐라' 활용〉

질문의 종류	질문 예시
사실 질문	– 신데렐라를 무도회에 가지 못하게 한 사람은 누구인가요?
생각 질문	– 새엄마와 새언니는 왜 신데렐라를 괴롭혔을까요?
마음 질문	– 새엄마와 새언니가 신데렐라를 괴롭혔을 때 신데렐라는 어떤 마음이었을까요?
상상 질문	– 만약 나라면 무도회장에서 구두를 잃어버렸을 때 어떻게 행동했을까요?

● 활동 방법

(1) 질문 만들기

학생들이 가장 쉽게 만들 수 있는 사실 질문부터 시작해 상상 질문으로 범위를 점차 넓혀가는 것이 좋습니다. 처음에는 질문 만들기가 어려워해서 대부분 비슷한 질문을 만들거나 핵심 내용과 관련이 없는 질문을 만들기도 하는데, 여러 번 활동하다 보면 질문의 질이 점점 높아지는 것을 확인할 수 있습니다.

패들렛, 띵커보드 활용하기

질문 만들기는 패들렛(담벼락, 셸프), 띵커보드(타일형, 그룹형)을 활용해 진행할 수 있어요. 다른 친구의 질문을 바로 볼 수 있고, 답을 바로 댓글에 적을 수 있다는 점이 좋아요.

(2) 질문 활용하기

학생들이 만든 질문을 활용하는 방법에는 여러 가지가 있습니다. 다양한 방법 중 학급별 상황에 맞는 방법을 활용해 진행하면 됩니다.

〈질문 활용하기 예시〉

① 쪽지에 질문을 적어 섞은 뒤 몇 가지를 뽑아서 묻고 답하는 방법
② 질문을 만든 학생이 직접 발표하면 나머지 학생들이 정답을 맞히는 방법
③ 학생들이 만든 질문을 활용해 골든벨 형태의 퀴즈로 만들어 풀어 보는 방법 등

질문을 활용하면 내가 직접 만든 문제를 다른 친구들이 푼다는 점, 교과서에 나오지 않는 재밌는 부분을 묻는 질문이 나오는 점에서 많은 학생이 흥미를 느낄 수 있고, 수업 참여도도 높아질 수 있습니다. 잘하는 학생 몇 명만 맞히는 퀴즈가 아니라 모든 학생이 참여할 수 있다는 점에서 의미가 있는 활동입니다.

카훗, 띵커벨 활용하기

만든 질문을 활용할 때에는 카훗과 띵커벨(퀴즈)을 활용해 보세요! 재밌는 게임 형태로 수업할 수 있어요.

생각을 묻는 글

'질문 만들기' 수업 한눈에 보기

● 수업 준비

- 학생들에게 4가지 질문의 종류에 대해 설명하기
  (사실, 생각, 마음, 상상 질문)
- 신데렐라와 같이 누구나 아는 이야기 또는 교과서 지문을 통해 연습하기

〈질문의 종류〉

사실 질문	눈에 보이는 사실적인 것을 묻는 질문 (누가, 언제, 어디서, 무엇을, 어떻게)
생각 질문	눈에 보이지 않는 생각을 묻는 질문 (왜)
마음 질문	눈에 보이지 않는 마음을 묻는 질문 (어떤 마음이었을까?)
상상 질문	이야기를 상상해 묻는 질문 (만약 나였다면~, 만약 주인공이 ~행동했다면~)

● 활동 방법

① 질문 만들기

- 사실 질문 만들기부터 시작하기(ON 패들렛, 띵커보드)
- 사실 질문 만들기를 연습한 후에 생각 질문, 마음 질문, 상상 질문으로 범위 넓혀가기

② 질문 활용하기

- 쪽지에 질문을 적어서 내고, 섞은 뒤 뽑아서 묻고 답하는 방법
- 자신이 만든 질문 발표해 묻고 답하는 방법
- ON 카훗, 띵커벨 활용해 게임 형태로 진행하는 방법 등

●활동 사진

질문 만들기 - 띵커보드 활용

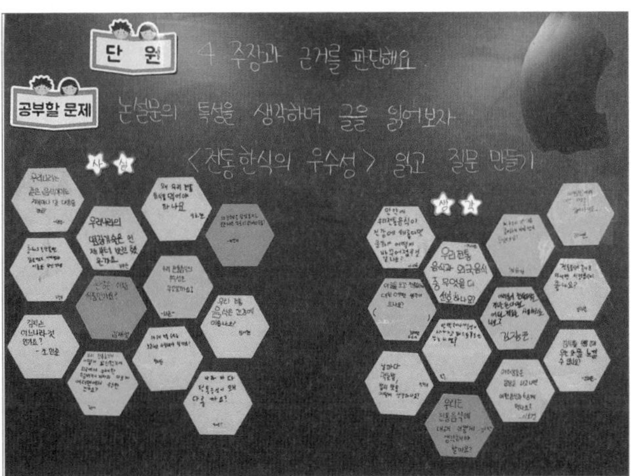

교과 수업 중 질문 만들기 활동 사진

❺ 생각을 키우는 글: **주제 글쓰기**

대부분 학급에서 내주는 숙제 중 빠지지 않는 것이 일기 쓰기입니다. 일기 쓰기는 자신의 하루를 돌아보고, 글을 쓴다는 점에서 자기 성찰 및 글쓰기에 도움이 되는 좋은 활동입니다. 하지만 학생 대부분은 하루에 있었던 일을 단순 나열하는 형태로 일기를 씁니다. 이런 경우에는 본래의 의도와 달리 자기 성찰 및 글쓰기에 도움이 되지 않는다고 생각했습니다. 그래서 일기 대신 학생들에게 주제를 주고 그 주제에 해당하는 내용을 쓰는 주제 글쓰기 활동을 진행했습니다. '자신의 삶 돌아보기', '자신의 미래에 대해 생각하기', '일어날 수 없는 상황 상상해 적어 보기' 등을 주제로 제시해 학생들이 다양한 글을 쓸 수 있도록 지도했습니다. 그러면 지금부터 주제 글쓰기 활동에 대해 자세히 알아보겠습니다.

● 수업 준비

먼저 주제를 선정해야 합니다. 저는 주로 『초등학생이 좋아하는 글쓰기 소재 365』를 활용했습니다. 주제를 선정할 때에는 우리 반

〈주제 예시〉

학생들이 흥미로워할 주제	– 내 의자는 밤에 무슨 생각을 할까? – 우리 반에 60살 할머니가 전학을 왔다면?
다양한 생각이 나올 수 있는 주제	– 물속에서 숨을 쉴 수 있다면? – 앞으로 꼭 발명돼야 하는 발명품

출처: 책 『초등학생이 좋아하는 글쓰기 소재 365』(민상기, 연지출판사)

학생들이 관심사가 담긴 주제, 학생들이 흥미로워할 만한 주제, 다양한 생각이 나올 수 있는 주제를 선정했습니다.

에듀테크 ON 패들렛, 띵커보드 활용하기

온라인 수업으로 진행할 경우 긴 글을 쓰기보다 짧고 간단한 글을 쓰는 활동으로 진행하면 좋아요. 오프라인 수업에서 포스트잇으로 적을 내용을 패들렛, 띵커보드에 적으면 됩니다.

주제 예시: '선생님에게 추천하고 싶은 간식', '모범생이 되기 위한 특별한 조건'

● 활동 방법

주제가 선정되면 학생들에게 주제를 알려주고 글쓰기 활동을 진행했습니다. 주로 글쓰기 공책에 적는 형태로 진행했지만, 함께 이야기를 나누고 싶은 주제의 경우 자신이 공책에 쓴 내용 중 하나 또는 쓴 내용을 요약해 붙임 쪽지에 적었습니다. 그리고 학습보드판에 붙임 쪽지를 붙여 친구들이 쓴 내용을 살펴볼 수 있게 했습니다.

주제에 따라 학생들의 평소 생각들, 속마음을 알 수 있게 되기도 하고, 학생들의 상상력을 자극해 다양한 생각을 하도록 도우며 글쓰기에 대한 흥미를 일으킬 수 있습니다. 학생들이 글을 쓰는 것에서 활동을 끝내지 않고, 쓴 글에 대해 함께 이야기 나누며 서로 공감하고 질문하는 과정을 통해 서로 이해하고 소통하는 긍정적인 학급 분위기를 형성할 수 있습니다.

예를 들어, '선생님에게 듣고 싶은 말 5가지와 그 이유 적기'가 주제였을 때는 학생들이 글쓰기 공책에 듣고 싶은 말들과 이유를 적고, 그중 하나를 골라 붙임 쪽지에 적도록 지도했습니다. 이렇게 학생들이 듣고 싶어 하는 말을 살펴 보고 실제 학급 운영 시에 이러한 말들을 자주 하려고 노력하며 글쓰기와 학교생활을 연계했습니다.

생각을 키우는 글

'주제 글쓰기' 수업 한눈에 보기

● 수업 준비

- 이야기 나누어 볼 주제 찾기 (『초등학생이 좋아하는 글쓰기 365』)
- 흥미로운 주제, 다양한 생각이 나올 수 있는 주제 등 다양한 주제 활용하기

〈주제 예시〉

학생들이 흥미로워 할 주제	- 내 의자는 밤에 무슨 생각을 할까? - 우리 반에 60살 할머니가 전학을 왔다면?
다양한 생각이 나올 수 있는 주제	- 물속에서 숨을 쉴 수 있다면? - 앞으로 꼭 발명돼야 하는 발명품

출처: 『초등학생이 좋아하는 글쓰기 소재 365』

● 활동 방법

- 주제에 대한 자신의 생각을 글로 적어 보기
- 함께 이야기 나누어 보고 싶은 주제의 경우 자신이 쓴 글을 요약하거나, 쓴 내용 중 한 가지를 골라 붙임 쪽지에 적기(ON 패들렛, 띵커보드)

● 활동 사진

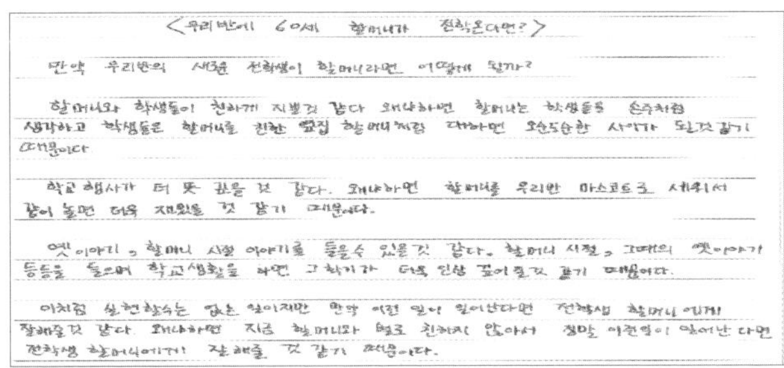

<우리반에 60세 할머니가 전학온다면?>

만약 우리반의 새로운 전학생이 할머니라면 어떻게 될까?

할머니와 학생들이 친하게 지낼것 같다 왜냐하면 할머니는 학생들을 손주처럼 생각하고 학생들은 할머니를 친할 [illegible]집 할머니처럼 대하면 오순도순한 사이가 될것 같기 때문이다

학교 행사가 더 뜻 깊을 것 같다. 왜냐하면 할머니를 우리반 마스코트로 세워서 같이 놀면 더욱 재밌을 것 같기 때문이다.

옛이야기, 할머니 시절 이야기를 들을수 있을 것 같다. 할머니 시절, 그때의 옛이야기 등등을 들으며 학교생활을 하면 그 학기가 더욱 인상 깊어질 것 같기 때문이다.

이처럼 실현할수는 없는 일이지만 만약 이런 일이 일어난다면 전학생 할머니 에게! 잘해줄것 같다 왜냐하면 지금 할머니와 별로 친하지 않아서 정말 이런일이 일어난 다면 전학생 할머니에게! 잘 해줄 것 같기 때문이다.

주제 글쓰기 활동 사진

2장

에듀테크 ON
에듀테크 알아 보기

코로나 팬데믹으로 인하여, 사회의 여러 부분에서 다양한 변화가 일어났습니다. 교육 분야에서도 마찬가지였습니다. 학생들이 등교하지 못하게 되면서, 오프라인 수업은 온라인 수업으로 옮겨갔고, 선생님과 학생들은 변화된 환경에 적응하기 바빴습니다. 온라인 수업에 맞는 수업자료를 만들기 위해 다양한 플랫폼 사용법을 익히고 웹캠과 마이크 등 다양한 장비도 준비했습니다. 팬데믹 상황이 지속되면서 선생님들의 관심사는 프레젠테이션이나 영상으로 구성된 과거의 수업자료를 온라인에서 활용하는 것에서 나아가, 에듀테크 플랫폼을 활용한 다양한 수업 방식으로 자연스럽게 옮겨가게 됐습니다. 이에 많은 에듀테크 플랫폼에서 교육용 계정으로 플랫폼을 무료로 이용할 수 있도록 지원했고, 에듀테크를 활용한 수업 자료의 연구와 개발이 활발하게 이뤄졌습니다. 그러나 교과중심의 수업 자료는 활발하게 연구·개발되는 데 비해, 독서교육을 위한 수업 자료의 연구·개발은 그에 미치지 못했습니다.

독서교육은 독서·토론이라는 흐름 속에서 활발하게 이뤄졌습니다. 2015개정 교육과정에서는 단순 암기식 국어 활동보다 학생들의 능동적 사고와 참여를 이끌어낼 수 있는 통합적 독서 활동을 통해 학생들의 사고력, 창의력, 어휘력, 문해력 등 다양한 영역의 성장을 이끌어낼 수 있도록 지향하고 있습니다. 국어과 영역에서 미디어 리터러시·AI 융합 교육을 강조하는 2022개정 교육과정에서도 이러한 흐름은 지속될 것으로 보입니다. 이처럼 독서교육의 중요성은 점점 커지고 있지만, 코로나 팬데믹으로 인해 독서교육을 운영하는 데에 많은 어려움이 있었습니다. 이전의 독서·토론은 오프라인 활동 위주로 진행됐습니다. 자신의 생각을 육각 포스트잇에 적어 칠판에 붙이거나, 신호등 색깔카드를 이용한 신호등 토론 등 다양한 토의·토론 기법들을 활용해 왔습니다. 하지만 온라인 수업에서 이러한 활동을 그대로 적용하기에는 공간의 제약과 의사소통의 어려움이 있었습니다.

에듀테크를 활용하면 공간의 제약도 사라지고 다양한 방식으로 소통할 수 있다는 장점이 있습니다. 따라서 이번 장에서는 몇 가지 에듀테크 플랫폼에 대해 설명하고자 합니다. 각 플랫폼을 깊게 들여다보기보다는 핵심적인 부분을 소개하면서, 에듀테크 플랫폼에 대해 전반적으로 알아 보고, 실제 수업에서 활용할 수 있도록 돕는 데에 초점을 뒀습니다. 이번 장에서 소개할 에듀테크 플랫폼은 패들렛, 멘티미터, 카훗, 미리캔버스로 총 4가지 플랫폼입니다. 이 4

가지 플랫폼만으로도 수업 자료 제작, 동기유발 및 평가, 의견 수렴, 토의, 토론 등 다양한 어려움을 충분히 해소할 수 있을 것이라 생각합니다. 다양한 도서를 활용한 수업 예시가 담겨 있는 본 책의 2부와 3부를 읽으시다가 에듀테크 플랫폼에 관련된 궁금증이 생긴다면 이곳으로 돌아오셔도 좋습니다. 혹여나 책 내용으로도 여전히 궁금증이 해결되지 않는다면 [사용법 한눈에 보기]에 들어 있는 QR 코드를 통해 유튜브 채널 〈크랩_Create Lab〉에 게시된 각 플랫폼별 사용법 안내 영상을 참고하시고, 유튜브 영상에 댓글로 질문을 남겨주시면 궁금증을 풀어드리겠습니다. 이번 장을 통해, 부담 없이 온·오프 독서교육을 위한 준비를 하실 수 있으면 좋겠습니다.

❶ 온·오프라인 수업의 꽃, 패들렛

에듀테크에 관심 있는 선생님이라면, 패들렛이라는 플랫폼은 한 번쯤 들어 봤을 것이라고 생각합니다. 그만큼 패들렛은 온·오프라인 수업에 범용적으로 쓰이는 플랫폼입니다. 패들렛에서는 실시간으로 여러 사람이 동시에 자신의 의견을 온라인 공간에 게시할 수 있습니다. 이 공간을 패들렛에서는 담벼락이라고 하는데, 최근에는 담벼락 이외에도 6가지의 템플릿(스트림, 그리드, 셸프, 지도, 캔버스, 타임라인)이 추가돼 다양한 영역의 수업에 창의적으로 패들렛을 활용할 수 있게 됐습니다.

패들렛 알아 보기

- PC, 스마트폰, 태블릿 PC 모두 호환
  (Android, Appstore 별도 앱 제공)
- 별도 계정이 없어도 패들렛에 참여 가능
  사진, 동영상, 링크 등 공유 기능
- 무료로 사용 가능
  (무료 계정으로는 한 번에 3개 템플릿 활성화)
- 유료 요금: 1년-96,000원 / 월-10,000원

※ 비슷한 플랫폼: 띵커보드(아이스크림)

● 패들렛 사용하기

사용법 한눈에 보기

가입 ▶ 패들렛 생성 ▶ 게시물 작성
▶ 패들렛 설정 ▶ 공유

※ 영상과 책 내용을 보면서 따라 해 보세요! →

(1) 패들렛 가입하기

브라우저 검색창에 'padlet.com'이라고 입력하거나 각 포털 사이트 검색창에 '패들렛'이라고 검색해 패들렛 사이트에 접속합니다. 구글, Microsoft, Apple 계정 중 자신이 가지고 있는 계정을 연동해 패들렛에 가입할 수도 있고, 아래쪽 빈칸에 새롭게 자신이 만들고 싶은 패들렛 계정을 입력할 수도 있습니다.

(2) 패들렛 생성하기

① 패들렛 관리하기

패들렛 생성, 관리 화면

가입을 하게 되면 보이는 이 곳에서는 패들렛을 생성, 보관, 관리할 수 있습니다. 패들렛은 미리 언급한 것처럼, 무료계정으로는 한 번에 3개의 담벼락만 활성화할 수 있습니다. 이 상태에서 각 담벼락 오른쪽 위의 '점 세 개'를 누르면, 담벼락을 아카이브로 보낼 수 있습니다. 담벼락을 보관했다가 꺼냈다가 하는 방법으로, 개수 제한 없이 담벼락을 만들 수 있습니다. 패들렛 생성은 왼쪽 상단의 '+ PADLET 만들기' 버튼을 누르면 됩니다.

패들렛을 별도 저장공간에서 장기 보관할 수 있는 기능이에요. 아카이브에 패들렛을 옮겨놓으면 패들렛이 비활성화되고, 내용을 확인할 수 없습니다. 하지만 아카이브 기능을 이용하면, 패들렛을 아카이브에 넣었다가 빼는 방법으로 무료 계정으로도 패들렛을 3개 이상을 만들어 사용할 수 있어요.

② 패들렛 생성하기

패들렛은 7개의 템플릿을 제공하고 있습니다. 각 템플릿마다 형식이 조금씩 다른데, 템플릿별 특징을 살려 주제에 맞는 수업을 진행할 수 있습니다. 이번 챕터에서는 패들렛 활용 방법은 패들렛을 대표하는 '담벼락' 템플릿을 중심으로 설명드리겠습니다.

패들렛 '템플릿' 소개

담벼락
미리 보기
벽돌 형식의 레이아웃으로 콘텐츠를 담습니다.
반 전체의 의견을 모을 때 사용
여러 개의 피드가 구분없이 게시

스트림
미리 보기
콘텐츠를 읽기 쉬운 하향식 피드 형태로 자연스레 흐르게 배치합니다.
자료 조사나 학급 신문 만들 때 사용
하향식 피드 형태로 훑어 읽을 때

그리드
미리 보기
콘텐츠를 박스에 줄지어 배치합니다.
포트폴리오(과정중심평가)를 할 때!
게시물의 크기에 상관없이
일렬로 구분하여 게시

셸프
미리 보기
일련의 컬럼으로 콘텐츠를 쌓아 배치합니다.
브레인 스토밍+ 과목별 포트폴리오
한 주제에 여러 가지 의견 제시
개인별 학습 과정을 기록

지도
미리 보기
지도상의 지점에 콘텐츠를 추가합니다.
지리 관련 수업할 때 사용
지역간 교류, 무역, 지구촌 문제, 환경
문제 등 수업에 사용

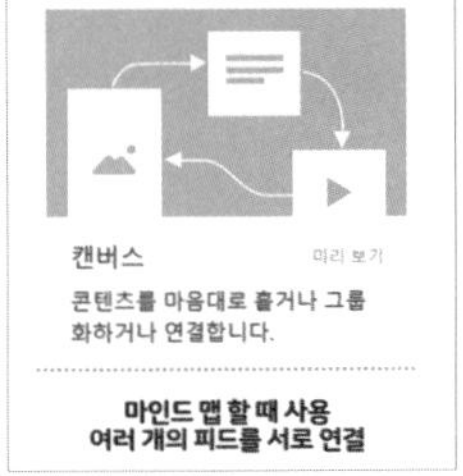

캔버스
미리 보기
콘텐츠를 마음대로 흩거나 그룹화하거나 연결합니다.
마인드 맵 할 때 사용
여러 개의 피드를 서로 연결

타임라인
미리 보기
가로선을 따라 내용을 배치하세요.
역사수업+순차적 흐름
연대기표 작성이나 이야기 전개
과정, 매 차시 학습 정리로 사용

패들렛 템플릿 소개

(3) 게시물 작성하기

패들렛 제목과 설명을 입력해야 합니다. 제목과 설명을 입력하고 나면, 오른쪽 위의 '다음'을 클릭하고 '게시 시작하기'를 클릭합니다. 클릭하고 나면, 내가 만든 패들렛 화면이 등장하게 됩니다. 이곳에서 게시물들을 작성하고, 작성한 게시물들을 볼 수 있습니다. 작성한 게시물은 작성자뿐만 아니라, 이 담벼락에 참여하는 모든 사람이 확인할 수 있습니다. 최초로 담벼락을 생성한 사람은 다른 사람이 생성한 게시물을 삭제할 수 있지만, 참여자들은 최초로 담벼락을 생성한 사람이 별도로 권한을 설정하면 게시물 수정이 가능합니다.

게시물을 작성하려면, 담벼락의 빈 공간을 더블클릭하거나, 오른쪽 아래의 + 버튼을 클릭하면 됩니다.

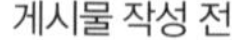
게시물 작성 전

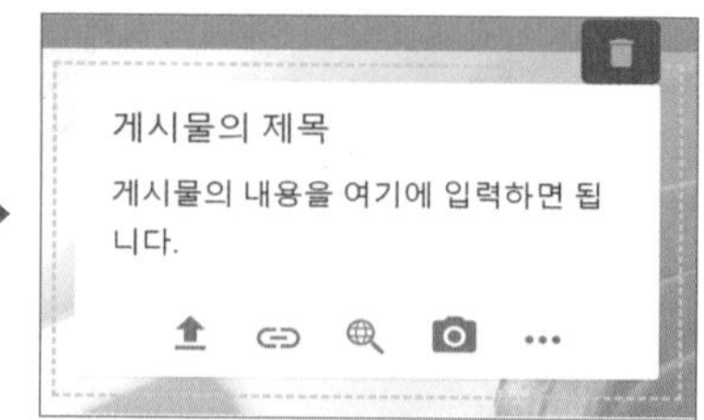

게시물 작성 후

게시물 작성 창에 게시물의 제목과 게시물의 내용을 입력합니다. 오른쪽 위 휴지통 아이콘을 클릭해 게시물을 삭제할 수도 있습니다. 아래쪽에 있는 아이콘들은 다양한 기능을 제공합니다. 왼쪽부터 파일 업로드, URL 입력, 검색 기능, 사진 업로드 기능을 제공합니다. 오른쪽 아래의 '점 세 개'를 누르면 이 밖의 다양한 기능을 확인할 수 있습니다.

(4) 패들렛 설정하기

① 게시물 설정하기

참여자들과 공유할 기본 게시물을 작성하고 나면, 화면 오른쪽 위의 톱니바퀴 모양 아이콘을 눌러 게시물에 대한 간단한 설정을 합니다. 설정창에서 아래쪽으로 스크롤을 내리면, '게시 관련' 설정을 확인할 수 있습니다. 각 탭의 게시물 오른쪽의 바를 누르면 설정을 활성화했다가 비활성화할 수 있습니다. '반응' 탭은 오른쪽의 네모 모양 버튼을 눌러 '좋아요, 투표, 별점, 등급' 등의 표시로 변경할 수 있습니다.

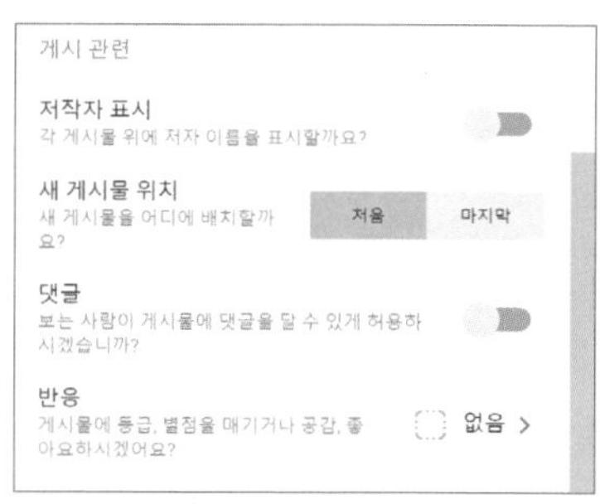

게시 관련 설정 탭

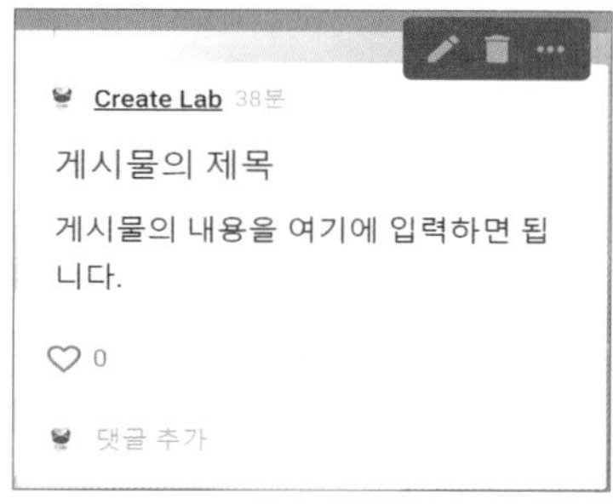

설정 반영 후

에듀테크 ON 게시물에 첨부 가능한 내용

오른쪽 아래의 '점 세 개'를 누르면 아래와 같은 다양한 내용을 게시물에 추가할 수 있습니다.

업로드
컴퓨터에서 파일을 선택합니다.

링크
URL을 입력합니다.

Google
이미지, 비디오, 오디오, GIF, 웹을 검색합니다.

스냅
카메라에서 사진을 찍습니다.

필름
카메라에서 비디오를 캡처합니다.

첨부 내용 1

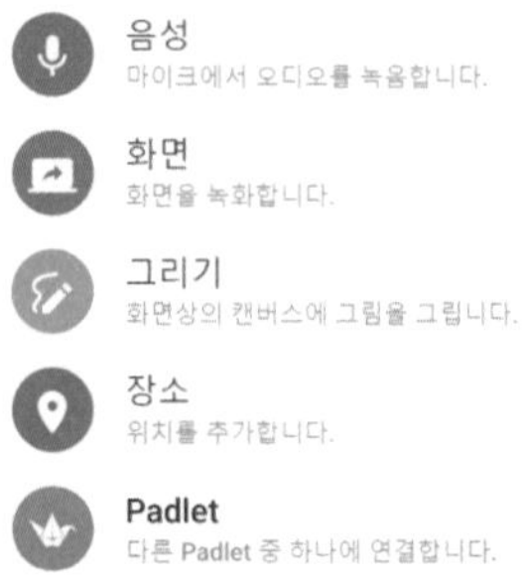

음성
마이크에서 오디오를 녹음합니다.

화면
화면을 녹화합니다.

그리기
화면상의 캔버스에 그림을 그립니다.

장소
위치를 추가합니다.

Padlet
다른 Padlet 중 하나에 연결합니다.

첨부 내용2

(5) 패들렛 공유하기

① 프라이버시 설정하기

담벼락 메인 화면 오른쪽 위의 '공유' 아이콘을 클릭합니다. '공유' 설정 창의 중간에 있는 프라이버시 탭에서 '프라이버시 변경'을 클릭합니다. '프라이버시 변경' 탭에서는 패들렛 공개 비공개 설정, 패들렛에 참여하는 방문자의 권한을 조정할 수 있습니다. 학생들에게 공유할 때는 '비밀'로 설정하고, 아래쪽의 방문자 권한에서는 '작성 가능'으로 설정합니다.

② 패들렛 공유하기

공유

클립보드로 링크 복사

QR 코드 받기

블로그 또는 웹사이트에 삽입

공유 방식 선택

클립보드로 링크를 복사해 패들렛을 공유하거나, QR코드를 받아 공유할 수도 있습니다. 이외에도 페이스북, 트위터, 구글 클래스룸 공유 등 다양한 공유 설정이 있어, 상황에 맞게 사용하면 됩니다.

❷ 퀴즈? 퀴즈! 카훗으로 한 방에!

카훗은 학생들의 재미와 경쟁심을 모두 잡은 플랫폼입니다. 학생들은 선생님의 화면에서 문제와 보기를 보고, 각자의 기기에서 답을 골라야 합니다. 답을 빠르게 클릭할수록, 더 많이 맞출수록 점수가 높아지기 때문에, 학생들은 다른 친구들보다 높은 점수를 얻기 위해 경쟁하게 됩니다. 이러한 경쟁심은 학생들이 퀴즈에 매우

카훗 알아 보기

- PC, 스마트폰, 태블릿 PC 모두 호환
  (Android, Appstore 별도 앱 제공)
- 별도 계정이 없어도 참여 가능
- 간단한 조작으로 퀴즈 풀기
- 무료로 사용 가능

※ 비슷한 플랫폼: 띵커벨(아이스크림), 퀴즈앤, 클래스카드

집중할 수 있도록 하게 될 것입니다. 학생들이 가끔 수업을 너무 지루해한다면, 카훗을 사용해 보는 것은 어떨까요?

● 카훗 사용하기

사용법 한눈에 보기

가입 ▶ 퀴즈 생성 ▶ 퀴즈 공유 ▶ 퀴즈 풀기
※ 영상과 책 내용을 보면서 따라 해 보세요! →

(1) 카훗 가입하기

브라우저 검색창에 'kahoot.com'이라고 입력하거나 각 포털 사이트 검색창에 '카훗'이라고 검색해 카훗 사이트에 접속합니다. 그 후, 카훗 사이트 메인 홈페이지 오른쪽 위에 있는 초록색 'sign up' 버튼을 클릭합니다.

계정 타입을 선택합니다. 이곳에서 제일 왼쪽의 'Teacher'를 클릭합니다. 카훗도 마찬가지로, 계정을 연동해 가입하거나 새롭게 계정을 만드는 방법을 선택할 수 있습니다. 구글, 마이크로소프트, 애플 계정 중 자신이 가지고 있는 계정을 연동해 가입할 수도 있고, 아래쪽 빈칸에 새롭게 자신이 만들고 싶은 계정을 입력할 수도 있습니다. 정보를 모두 입력했다면 가운데의 'Sign up'을 클릭하면 카훗 계정이 생성됩니다. (중간의 체크박스는 체크하지 않아도 됩니다.)

(2) 퀴즈 생성하기

카훗은 퀴즈를 직접 만들 수도 있고, 다른 사람이 만든 퀴즈를 가져와서 이용할 수 있습니다.

① 퀴즈 직접 만들기

퀴즈를 만들기 위해서는 화면 우측 상단의 'Create'를 클릭합니다. 그다음, New kahoot 칸에 있는 'create'를 한 번 더 클릭합니다. 클릭하고 나면, 퀴즈 작성 화면이 보이게 됩니다. 각 화면을 자세히 살펴 보면 다음과 같습니다.

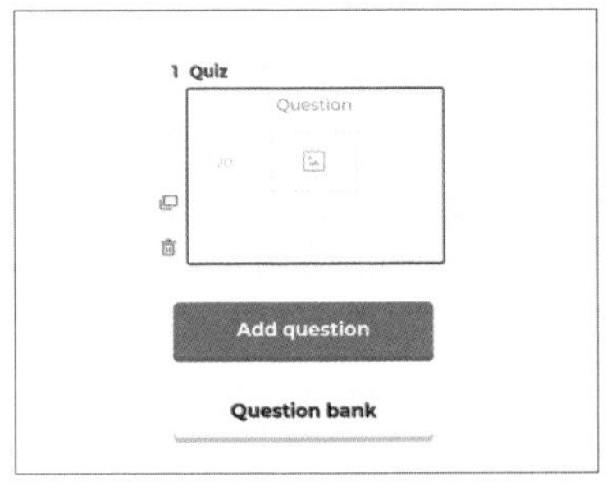

카훗 화면

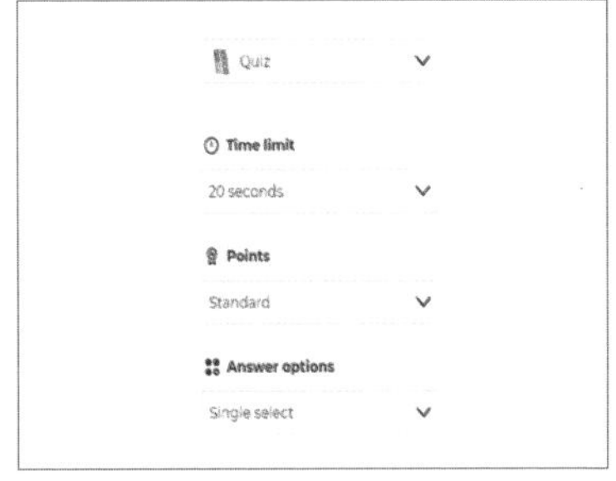

카훗 화면

좌측의 'Add question'을 클릭하면, 퀴즈를 하나씩 추가할 수 있습니다. 화면 우측에서는 퀴즈에 관련된 설정을 할 수 있습니다. 위쪽부터 차례대로 퀴즈 템플릿 종류, 시간 제한, 포인트 설정, 정답 설정 등을 조작할 수 있습니다.

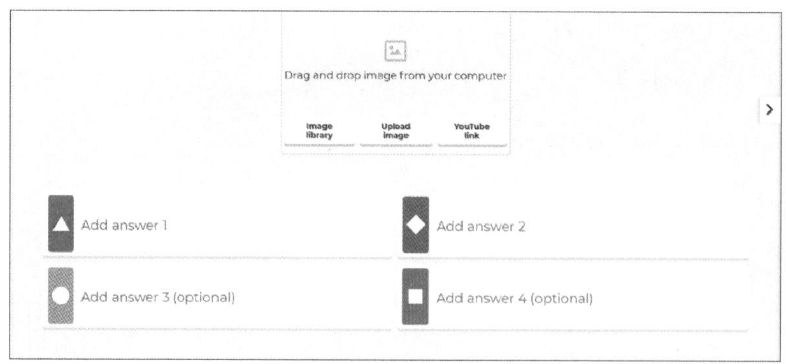

카훗 화면

제일 위쪽에는 퀴즈의 문제, 가운데에는 퀴즈에 첨가할 사진, 아래쪽에는 퀴즈에서 답이 될 수 있는 여러 〈보기〉들을 입력할 수 있습니다. 〈보기〉에는 수식과 사진을 추가할 수 있습니다.

화면 우측 하단의 'Delete'로 만든 퀴즈를 삭제하고 'Duplicate'로 퀴즈를 복사할 수 있습니다. 좌측 상단에 전체 퀴즈의 주제 또는 제목을 입력하고, 퀴즈 작성이 마무리되면 우측 상단의 초록색 아이콘 'Done'을 클릭합니다. 다른 사람들에게 보여질 퀴즈 시리즈의 제목과 설명을 입력하고 아래쪽의 'Continue'를 클릭합니다. 그 후에 다시 한번 'Done'을 클릭합니다.

다시 메인 홈페이지로 와서 'Library'를 클릭한 후에, 만들었던 퀴즈를 찾고, 'Play'버튼을 눌러 퀴즈를 시작합니다.

② 다른 사람의 퀴즈 이용하기

퀴즈를 직접 만들지 않고, 다른 사람들이 만든 퀴즈들을 사용할

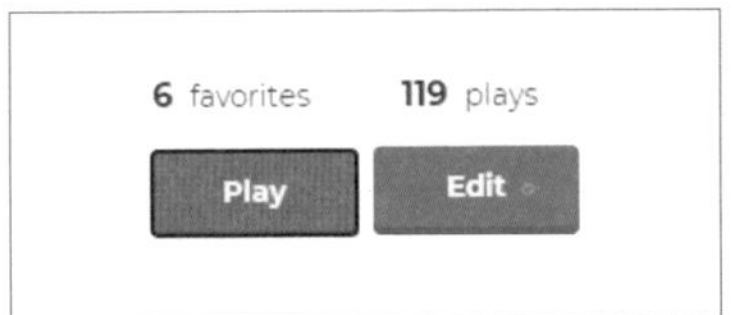

Play 및 Edit 버튼

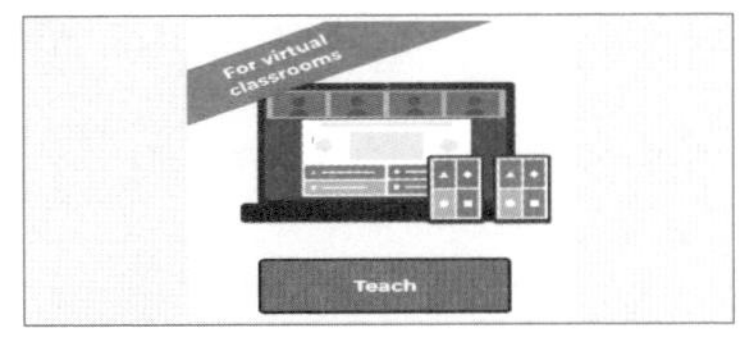

카훗 유형 선택

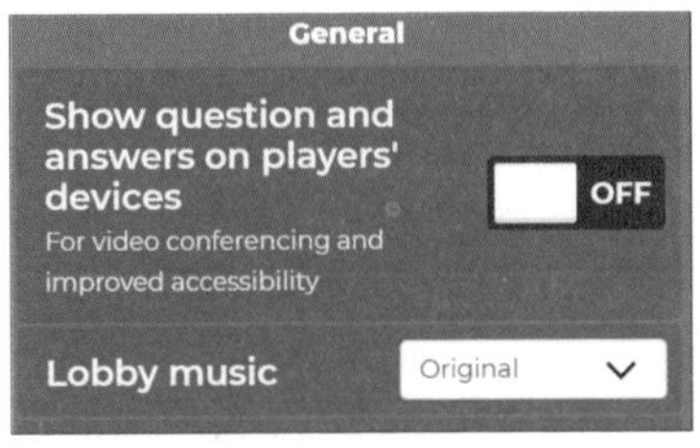

퀴즈 세부 설정

퀴즈 방식 선택

수도 있습니다. 카훗 메인 홈페이지에 좌측 상단의 'Discover' 아이콘을 클릭하고, 검색창에 원하는 퀴즈를 검색합니다. 원하는 퀴즈가 있다면, 퀴즈의 썸네일 화면을 누릅니다.

퀴즈를 선택했다면, 초록색 'Play'아이콘을 클릭하고, 'Teach' 아이콘을 클릭합니다. 개인전으로 퀴즈를 풀 것인지, 팀별로 퀴즈를 풀 것인지 선택합니다. 개인전은 1인 1디바이스를 갖춘 환경에서 각자 퀴즈를 풀어야 할 때 선택하고, 팀전은 하나의 디바이스에 여러 명이 함께 퀴즈를 풀어야 하는 환경일 때 선택합니다. 개인전으로 퀴즈를 진행하려면 초록색 'Classic' 버튼을 클릭합니다.

퀴즈 방식을 선택하기 전, 퀴즈 진행에 대한 세부 설정을 할 수 있습니다. 아래쪽으로 스크롤을 내려 'General' 옵션 창에서 'Show question and answers on players' devices' 옵션을 활성화하면,

문제와 보기가 학생 화면에 함께 보이기 때문에 원격 수업에서도 카훗을 사용할 수 있습니다.

(3) 퀴즈 공유 및 퀴즈 풀기

학생들이 퀴즈를 풀기 위해서는 선생님이 공유하는 화면의 보기를 보아야 합니다. 학생들은 화면에 등장하는 보기와 문제를 보고, 그중에 알맞은 정답을 고르게 됩니다.

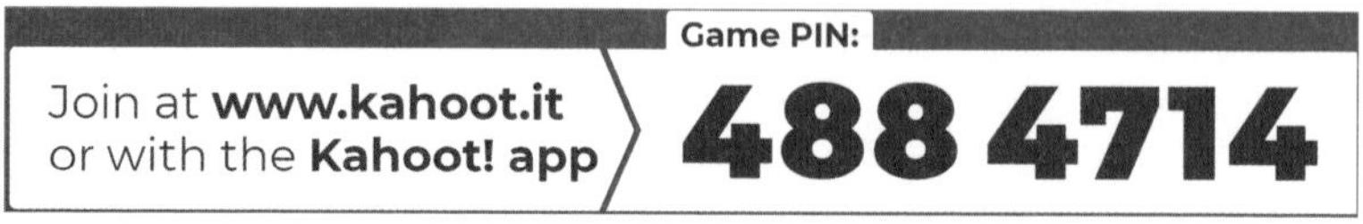

Game PIN:
Join at **www.kahoot.it**
or with the **Kahoot! app**
488 4714

Play 및 Edit 버튼

학생들이 퀴즈에 참여하기 위해서는 'kahoo.it'에 접속하거나 카훗 앱을 실행해, 선생님의 화면에 적힌 게임 핀번호를 입력해야 합니다. 학생들이 게임 핀번호를 입력하게 되면, 선생님의 화면에는 학생들의 닉네임이 보이게 됩니다. 학생들이 모두 접속했다면, 화면 오른쪽 위의 'Start'를 클릭합니다.

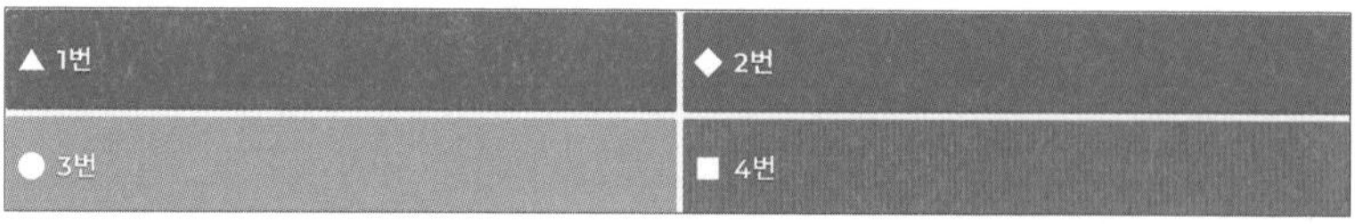

▲ 1번	◆ 2번
● 3번	■ 4번

퀴즈 보기 화면

학생들은 선생님의 화면에 나오는 위 그림과 같은 4가지 보기 중에 한 가지를 선택하게 됩니다. 퀴즈가 다 끝나면 점수에 따른 순위가 나오는데, 학생들이 순위에만 집착하지 않도록 지도합니다.

띵커벨과 띵커보드

① 띵커벨

띵커벨은 실시간 퀴즈 배틀이 가능하며, 문제를 빨리 풀어낼수록 점수를 더 많이 얻을 수 있습니다. 아이스크림에서 제공하는 플랫폼인 만큼, 교과와 연계한 다양한 퀴즈들이 많습니다. 띵커벨은 비대면 수업 기능을 제공해, 학생들이 가지고 있는 기기에서 문제와 각 보기를 확인할 수 있습니다.

② 띵커보드

띵커보드는 패들렛과 비슷한 플랫폼입니다. 학생들이 온라인 공간에 글을 게시할 수도 있고, 가치수직선에 내용을 표시할 수도 있습니다. 패들렛과 달리 띵커보드에 접속할 때, 학생들이 닉네임을 미리 입력해 들어오기 때문에, 학생들이 게시물을 작성할 때마다 자신의 이름을 쓰는 번거로움을 줄일 수 있습니다.

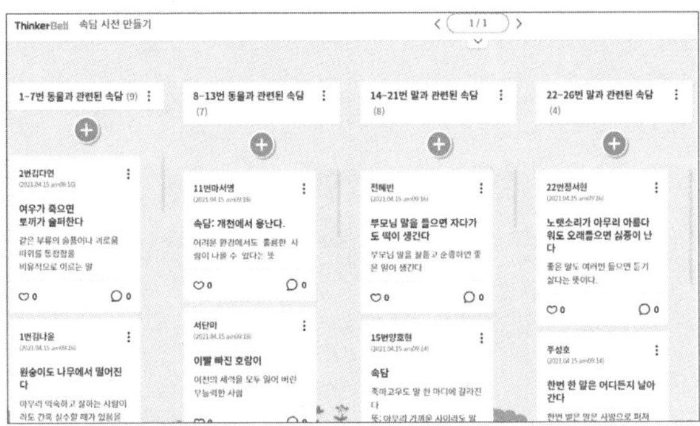

띵커보드 활용 수업 사진

※ 패들렛과 카훗으로 나누어서 플랫폼을 운영하기 번거로우시다면 아이스크림에서 제공하는 띵커벨(보드)를 활용하시면 좋습니다.

❸ 직관적인 설문조사 플랫폼, 멘티미터

'워드 클라우드'라는 것을 아시나요? '워드 클라우드'는 데이터에서 핵심적인 단어와 개념을 추출해, 한눈에 볼 수 있도록 시각적으로 배열한 것을 말합니다.

멘티미터로 만든 워드 클라우드

멘티미터는 여러 사람의 의견을 모아서 직관적으로 보여주는 플랫폼입니다. 이 플랫폼을 잘 응용하면, 아이스 브레이킹, 수업 전 활동, 수업 정리 활동 등 다양하게 활용할 수 있습니다. 또한, 의견이 들어올 때마다 바로바로 업데이트되기 때문에, 학생들이 지루하지 않게 설문 결과를 확인할 수 있습니다.

멘티미터 알아 보기

- PC, 스마트폰, 태블릿 PC 모두 호환 (Android, Appstore 별도 앱 제공)
- 별도 계정이 없어도 설문에 참여 가능
- 여러 가지 템플릿 제공
- 무료로 사용 가능

※ 비슷한 플랫폼: 구글 폼, 네이버 폼

● 멘티미터 사용하기

사용법 한눈에 보기

가입 ▶ 프레젠테이션 생성 ▶ 공유 ▶ 설문 결과 확인

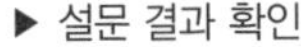

※ 영상과 책 내용을 보면서 따라 해 보세요! →

(1) 멘티미터 가입하기

브라우저 검색창에 'mentimeter.com'이라고 입력하거나 각 포털 사이트 검색창에 '멘티미터'라고 검색해 멘티미터 사이트에 접속합니다. 그 후, 멘티미터 사이트 메인 홈페이지 가운데 또는 오른쪽 위에 있는 파란색 'sign up' 버튼을 클릭합니다.

멘티미터 가입하기 창이 나오면, 계정을 연동해 가입하거나 새롭게 계정을 만드는 방법을 선택할 수 있습니다. 위쪽의 페이스북, 구글 계정 중 자신이 가지고 있는 계정을 연동해 가입할 수도 있고,

아래쪽 빈칸에 새롭게 자신이 만들고 싶은 계정을 입력할 수도 있습니다. 정보를 모두 입력한 뒤 아래쪽의 'Sign up'을 클릭하면 멘티미터 계정이 생성됩니다.

(2) 프레젠테이션 생성하기

계정을 생성하고 나면 프레젠테이션 관리 화면으로 전환됩니다. 파란색 아이콘의 '+ New presentation'을 클릭합니다. 프레젠테이션의 제목을 입력하고, 오른쪽 아래의 'Create presentation'을 클릭합니다.

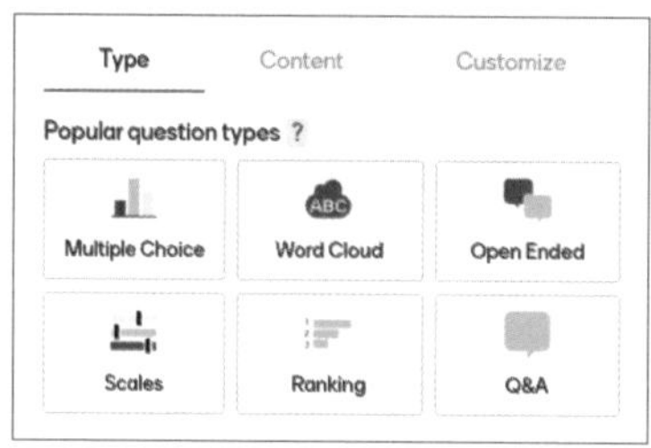

멘티미터 템플릿

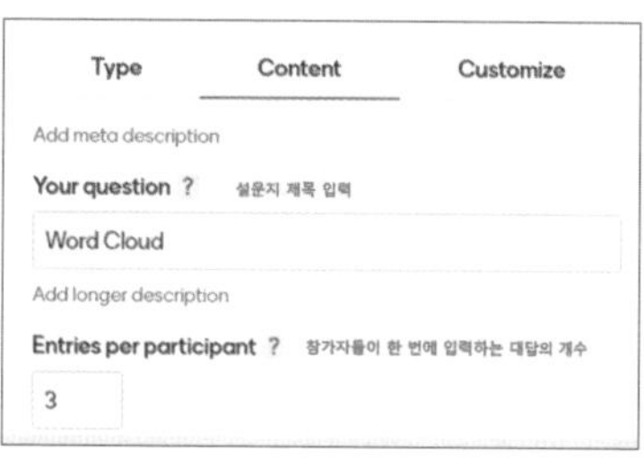

내용 입력

화면의 오른쪽에 있는 'Type' 탭에서 원하는 템플릿(형식)을 클릭합니다. 저희는 두 번째 'Word Cloud' 템플릿을 선택해 진행했습니다. 그다음 템플릿(형식)을 지정하고, 'Content' 탭에서 설문지의 제목과 설문에 참여하는 사람 1명당 한 번에 입력할 수 있는 대답의 개수를 지정합니다.

(3) 공유하기

오른쪽 위에 있는 'Share' 아이콘을 클릭합니다.

> ※ **설문지 공유 3가지 방법**
> ① 참여 코드로 들어오기
> ② 참여 링크로 들어오기
> ③ QR 코드로 들어오기

① 참여 코드로 들어오기

'Share' 화면에서 보이는 'Voting code'가 참여 코드입니다. 참여 코드는 참가자들에게 보여줄 메인 화면에도 표시돼 있습니다. 참가자들에게 참여 코드를 알려주도록 합니다.

Go to **www.menti.com** and use the code **9591 7982**

설문 결과 화면 상단의 참여 코드

참여 코드를 위 그림처럼 'menti.com'의 빈칸에 입력하면 설문에 참여할 수 있습니다.

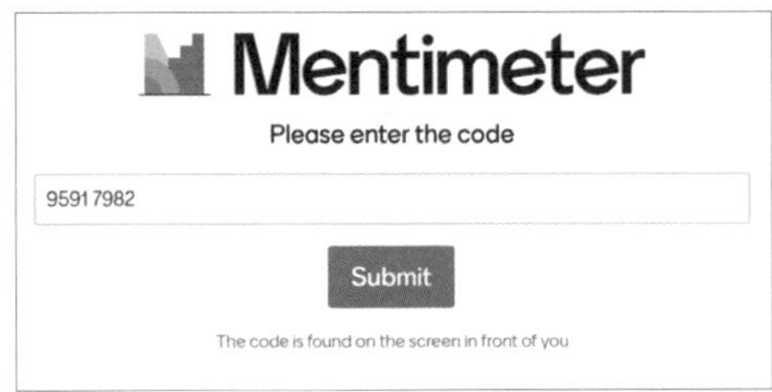

menti.com 홈페이지

② 참여 링크로 들어오기

'Voting code'의 아래쪽에 있는 링크로도 참여가 가능합니다. 링크로 들어오게 되면, 참여 코드를 입력하지 않고도 바로 설문 내용 입력창으로 전환됩니다. 'Copy link'를 클릭해 링크를 복사해 공유하고 싶은 채팅창이나 SNS에 붙여넣기 하면 됩니다.

③ QR 코드로 들어오기

아래쪽의 QR Code의 'Download'를 클릭해 내려받기 하고, 화면에 띄우거나 종이에 인쇄해 멘티미터 설문을 공유할 수도 있습니다.

(4) 설문 결과 확인

설문 참여자들이 설문 결과가 반영되는 화면을 볼 수 있도록 화면을 공유하기 위해, 메인 화면 오른쪽 위의 'Present'를 클릭합니다. 화면을 설문 참여자들에게 공유하면, 참여자들이 설문 내용을 입력할 때마다, 바로 화면에 반영되는 것을 확인할 수 있습니다.

❹ 나도 디자이너처럼? 미리캔버스

마우스 슥슥, 키보드 딸깍. 몇 번의 작업만으로도 멋진 수업 자료를 만들 수 있다면 믿으시겠어요? 미리캔버스를 이용하면 가능합니다.

훌륭한 디자인 요소들을 이용함에도 저작권 걱정이 거의 없다는 점이 매력적입니다. 조작이 간편하고 쉬워서 학생들도 손쉽게 작업할 수 있습니다. 미술이나 디자인에 자신이 없는 학생들도 간단한 조작으로 멋진 결과물을 만들어낼 수 있어서, 성공의 경험을 제공할 수 있습니다. 또한, SNS에 자료를 게시하거나 인쇄해 학급에 공유하는 등 다양한 영역으로 활용해 수업의 확장성을 도모할 수도 있습니다.

에듀테크 ON 미리캔버스 알아 보기

- PC 이용 추천
- 다양한 플랫폼 계정으로 연동 가능
- 학생용 단체 계정 생성 가능
- 무료로 사용 가능
- 저작권 걱정이 적음
- 조작이 간편함

※ 비슷한 플랫폼 : canva, tyle

● 미리캔버스 사용하기

가입 ▶ 템플릿 생성 ▶ 내용 작성 ▶ 공유

※ 영상과 책 내용을 보면서 따라 해 보세요! →

(1) 미리캔버스 가입하기

브라우저 검색창에 'www.miricanvas.com'이라고 입력하거나 검색창에 '미리캔버스'라고 검색해 접속합니다. 그 후, 미리캔버스 사이트 메인 홈페이지 오른쪽 위에 있는 '5초 회원가입' 버튼을 클릭합니다. 미리캔버스도 구글, 페이스북, 네이버, 카카오 계정으로 가입해 이용 가능합니다.

(2) 템플릿 생성

메인 홈페이지의 가운데에 있는 초록색 아이콘 '바로 시작하기'를 클릭합니다. 그다음 왼쪽 위에 있는 검색창에서 원하는 주제나 목적에 맞는 템플릿을 검색합니다. 원하는 템플릿을 찾았다면, 템플릿을 클릭해 불러옵니다.

템플릿 검색창

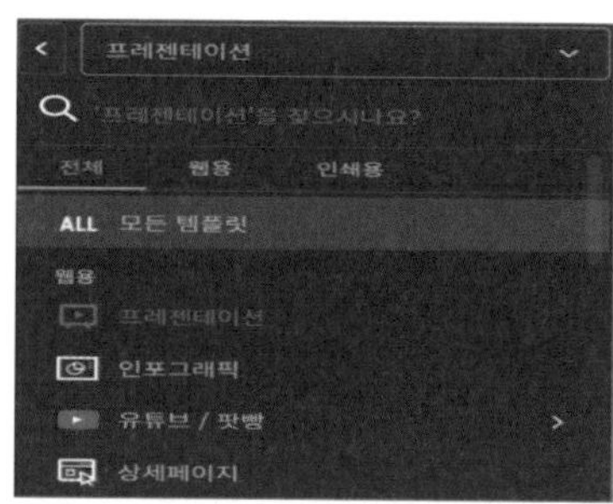

템플릿 선택

(3) 내용 작성하기

템플릿을 불러왔다면, 원하는 주제와 내용을 넣기 위해 템플릿의 내용을 수정해야 합니다. 수정하고 싶은 글자 위에 커서를 올리고 빠르게 두 번 클릭합니다. 글자가 음영 처리가 되면, 원하는 내용을 입력해 내용을 수정합니다. 텍스트나 그림의 위치를 옮기고 싶다면, 한 번 왼쪽 클릭을 하고 드래그해 옮길 수 있습니다.

템플릿 원본

내용 수정

왼쪽 탭에서 사진, 요소, 텍스트 등의 메뉴를 클릭해, 자유롭게 편집할 수 있습니다. 요소 탭에서는 도형, 일러스트, 조합 등 여러 가지 디자인 요소를 제공합니다. 미리캔버스에서는 이러한 요소를 조합해, 상황에 맞게 사용할 수 있습니다.

(4) 공유하기

① 온라인 슬라이드 쇼로 공유하기

내용을 모두 작성했다면, 화면의 오른쪽 위에 있는 공유 아이콘을 클릭해 공유할 수 있습니다. 공유 링크를 받은 사용자는 미리캔버스에서 작성한 내용을 온라인에서 슬라이드 쇼로 볼 수 있습니다. 또한, 공유 링크 권한을 '복제 가능'으로 설정한다면, 공유 링크를 받은 다른 사람이 템플릿을 복제해 편집할 수 있습니다.

② 파일로 내려받기

작성한 템플릿을 JPG, PNG, PDF, PPT 등의 형식으로 내려 받기 할 수도 있습니다. JPG와 PNG 형식은 각 페이지별로 내려 받기할 수 있고, PPT 형식으로 내려 받아 슬라이드 쇼를 할 수도 있습니다.

공유 메뉴

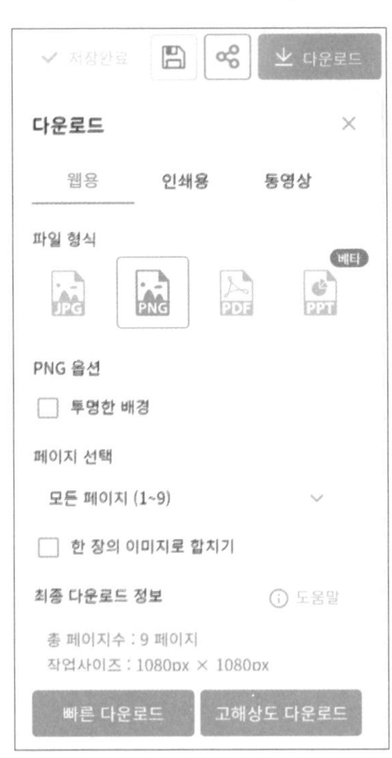

다운로드 메뉴

미리캔버스 저작권 정책

미리캔버스로 제작한 디자인은 무료로 상업적 이용(출판, 영상 등)이 가능합니다. 그러나 개별 디자인 요소를 따로 판매하거나 재가공하는 것은 불가능합니다. 또한, 사용자가 임의로 추가한 별도 디자인은 해당 디자인의 저작권 정책을 따르게 됩니다.

2부

그림책으로 하는 계기 교육

계기 교육은 학생들의 바른 인성 함양과 올바른 시민으로서의 성장을 도울 수 있다는 점에서 매우 중요합니다. 이렇게 중요한 계기 교육, 여러분은 어떻게 하고 계신 가요? 다문화 교육, 장애 이해 교육, 환경 교육 등 연간 실시해야 하는 계기 교육의 종류만 해도 수십 가지. 교과 수업을 준비하고 진도 나가기에도 벅찬 상황에서 그 많은 계기 교육을 준비한다는 게 현실적으로 쉽지 않습니다. 그래서 일까요? 계기 교육은 그 중요성에도 불구하고 현실 교육 현장에서 골칫거리로 여겨지기도 합니다. 이번 장에서는 이러한 문제점을 해결하고 많은 선생님들이 조금 더 쉽게 부담 없이 계기교육을 할 수 있도록 돕기 위한 수업을 소개하려고 합니다.

1~2시간 안에 마무리해야 하는 계기 교육을 진행하기 위해서 한 권의 책을 전부 읽기엔 어려움이 있습니다. 그래서 긴 책 대신 그림책을 활용하여 짧고 간단하지만 다양한 의견을 나누고 생각을 키울 수 있는 수업을 소개하고자 합니다. 그림책을 활용한 수업은 저학년 수준에는 최고의 수업 방법이지만, 고학년 수준에는 조금 유치할 것 같다는 걱정이 들 수도 있습니다. 하지만 글이 길지 않고 그림을 유심히 봐야 하는 그림책의 특성상 의외로 고학년 학생들도 높은 집중력을 보입니다. 또한, 줄글로 된 책을 읽는 데 부담을 느끼는 고학년 학생들에게 그림책으로 하는 수업은 책과 친해질 기회가 될 수 있습니다. 같은 책이라도 활동 수준을 달리하면 충분히 고학년들도 주제에 대해 깊게 생각해 볼 수 있습니다.

이번 장에서는 환경 교육, 다문화 교육, 장애 이해 교육, 학교 폭력 예방 교육 수업을 소개하고자 합니다. 환경 교육과 장애 이해 교육은 학년 수준에 따라 다른 그림책을 활용하였고, 다문화 교육과 학교 폭력 예방 교육은 같은 그림책에 선택활동을 넣어 학년 수준에 맞게 수업할 수 있도록 준비하였습니다.

〈계기 교육에 활용한 그림책〉

1	**환경 교육**	맑은 하늘, 이제 그만 (저학년) 더 이상 시간이 없어! 나의 바다 (고학년)
2	**다문화 교육**	살색은 다 달라요
3	**장애 이해 교육**	귀 없는 그래요 (저학년) 같이 놀자, 루이 (고학년)
4	**학교 폭력 예방 교육**	내 탓이 아니야

수업 내용은 오프라인 수업에서 활용할 수 있는 방식과, 에듀테크를 활용한 온라인 수업 방식으로 모두 준비했습니다. 학년 수준 및 수업 방식에 맞게 적절하게 혼합해 사용하시면 됩니다.

1장

장애 이해 교육

❶ 『귀 없는 그래요』(저학년용)

"나처럼, 달도 하늘에서 덩그러니 혼자야. 그렇지만 그 무엇도 같이 웃고 춤추는 걸 막을 수 없어. 달은 별들을 빛나게 하려고 춤을 추는 거야. 달은 밤하늘을 아름답게 만들려고 춤을 추는 거야."

남들과 다르게 생긴 남다른 토끼 '그래요'. 남들과 생김새가 다르다는 이유로 많은 상처를 받은 '그래요'가 자신의 상처를 극복해가는 이야기입니다. 장애인의 날을 비롯한 장애 이해 교육에 활용할 수 있습니다. 학생들과 주인공 '그래요'의 마음에 공감하고, 나와 친구의 다른 점을 찾아보며 우리 모두 다른 사람이라는 것을 알고, 다름과 존중에 대해 생각해볼 수 있는 책입니다.

● 활동 방법

(1) 내용 확인 및 주인공의 마음 공감하기

학생들이 『귀 없는 그래요』 책을 다시 읽으며 사람들이 '그래요'에게 한 나쁜 말과 행동을 찾아보고 무엇이 잘못됐는지 이야기합니다. 내용을 확인한 뒤, 마음 카드를 활용해 주어진 상황별로 '그래요'가 어떤 마음이었을지 짝 혹은 모둠끼리 이야기합니다.

〈마음 카드를 활용한 활동 예시〉

친구들이 못생겼다며 그래요를 놀렸어요.	침울한	감정카드
가족들은 그래요를 있는 모습 그대로 사랑했어요.	기쁜	감정카드

(2) 다른 점 찾기

나와 친구의 닮은 점과 다른 점을 찾아 봅니다. 나와 모든 것이 똑같은 친구는 없다는 점을 상기시키며, 우리 모두 다른 사람이라는 것을 이해합니다. 장애가 있는 친구는 나와 다른 점이 있을 뿐 틀린 것이 아니라는 점과 나와 다른 사람을 존중해야 한다는 점을 느끼게 합니다.

(3) 따뜻한 말 건네기

붙임 쪽지를 이용해 상처받은 '그래요'에게 따뜻한 말을 적어 칠판에 게시하고 친구들과 공유해보며 활동을 마무리합니다.

에듀테크 ON 패들렛, 띵커보드 활용하기

붙임 쪽지, 보드를 활용하는 활동은 패들렛이나 띵커벨의 띵커보드로 대체 가능해요. 패들렛이나 띵커보드에 학생들이 자신의 의견을 적고 게시해 다른 친구들과 공유해 보면 온라인 수업에서도 활발한 소통이 가능해요.

● 활동 Tip

– 저학년 아이들은 '그래요'에게 어떤 장애가 있는지 이해하지 못하는 경우가 있을 수도 있습니다. 귀가 없는 '그래요'의 모습 및 귀가 없다는 이유로 다른 등장 인물들에게 받는 차별적인 말과 행동에 집중해서 수업하는 것이 좋습니다.

장애 이해 교육

『귀 없는 그래요』 수업 한눈에 보기

●활동 방법

① 내용 확인 및 주인공의 마음 공감하기

- 사람들이 '그래요'에게 한 나쁜 말과 행동 알아 보기
- 마음 카드를 활용해 상황별 주인공의 마음 공감하기

〈마음 카드를 활용한 활동 예시〉

친구들이 못생겼다며 그래요를 놀렸어요.	침울한 감정카드
가족들은 그래요를 있는 모습 그대로 사랑했어요.	기쁜 감정카드

② 다른 점 찾기

- 나와 친구의 닮은 점과 다른 점 찾기
- 우리 모두 다른 사람이라는 것 이해하기

③ 따뜻한 말 건네기

- 주인공 '그래요'에게 하고 싶은 따뜻한 말 적기
  (ON 패들렛, 띵커보드)

●활동 사진

따뜻한 말 건네기 활동 사진

따뜻한 말 건네기-띵커보드

❷ 『같이 놀자, 루이』 (고학년용)

"우리 반에는 조금 다른 규칙이 필요할 것 같아요… 루이를 위해서요!"

친구들과 조금 다른 행동을 하는 자폐 아동 루이를 있는 그대로 이해하고 배려하는 친구들과 선생님이 만들어가는 교실 이야기입니다. 장애인의 날을 비롯한 장애 이해 교육에 활용할 수 있습니다. 자폐성 장애에 대해 알아 보고 루이와 함께 행복한 교실을 만들기 위한 규칙과 가치를 생각하며 진정한 통합교육의 의미를 알려줄 수 있는 책입니다.

● 활동 방법

(1) 내용 확인하기

책을 다시 읽어 보며 루이가 했던 남다른 행동을 찾습니다. 물끄러미 벽만 바라보는 것, 친구의 말을 그대로 따라 하는 것, 친구들이 축구를 할 때 그 사이를 이리저리 뛰어다니는 행동 등의 이유가 무엇일지 이야기합니다. 그리고 자폐성 장애와 관련된 영상을 함께 시청하며 루이가 한 행동의 이유를 이해합니다. 퀴즈를 통해 통합교육의 의미를 알아 보고, 통합교육이 루이뿐만 아니라 같은 반 친구들에게도 큰 도움이 된다는 것을 이해합니다.

(2) 도움주기

책에 나와 있는 '우리 반에는 조금 다른 규칙이 필요할 것 같아요. 루이를 위해서요!'라는 문장을 활용해 루이와 함께 행복한 교실을 만들기 위해 필요한 규칙을 정하는 활동입니다. 학생들은 붙임쪽지 또는 패들렛에 규칙과 그 이유를 생각해서 적고, 서로 공유합니다.

〈도움주기 활동 규칙 예시〉

① 하루에 한 번 루이와 할 수 있는 놀이시간 만들기
② 루이는 발이 공에 닿으면 골로 인정하는 규칙 정해서 축구하기
③ 루이가 친구들의 말을 따라 해도 놀린다고 화내지 않기

(3) 다짐하기

우리 반에 루이 같은 어려움을 겪고 있는 친구가 있다면 내가 지녀야 할 가치를 생각하고, 다짐하는 글을 써 봅니다. 아이들이 가치를 찾는 것을 어려워하면 가치보석이 정리된 패들렛과 프레젠테이션 자료를 활용합니다. 이를 통해 장애 아동과 함께 성장하는 진정한 통합교육의 의미를 이해할 수 있습니다.

패들렛, 띵커보드 활용하기

가치보석 패들렛을 아이들에게 공유합니다. 내가 지녀야 할 가치를 찾아 댓글로 그 가치가 중요한 까닭을 적고, 공감 버튼도 눌러봅니다. 많은 댓글과 공감 버튼을 받은 가치를 살펴 보며 활동을 마무리하면 됩니다.

패들렛 가치카드

● 활동 Tip

– [활동 2]에서 만든 규칙을 넣어 『같이 놀자, 루이』 뒷이야기를 상상해 보는 활동을 진행할 수 있습니다.

장애 이해 교육

『같이 놀자, 루이』 수업 한눈에 보기

● 활동 방법

① 내용 확인하기

- 책 다시 보며 루이가 했던 남다른 행동 찾아보기
- 영상을 통해 자폐성 장애에 대해 자세히 알아 보기
- 퀴즈로 통합교육의 의미 알아 보기

② 도움주기

- 루이와 함께 행복한 교실을 만들기 위한 규칙 만들기 (ON 패들렛)
- [선택 활동] 규칙을 넣어 뒷이야기 간단하게 상상해서 적어 보기

③ 다짐하기

- 진정한 통합교육을 위해 지녀야 할 가치와 이유 적어 보기 (ON 패들렛)
- 내가 고른 가치 실천 다짐하기

● 활동 사진

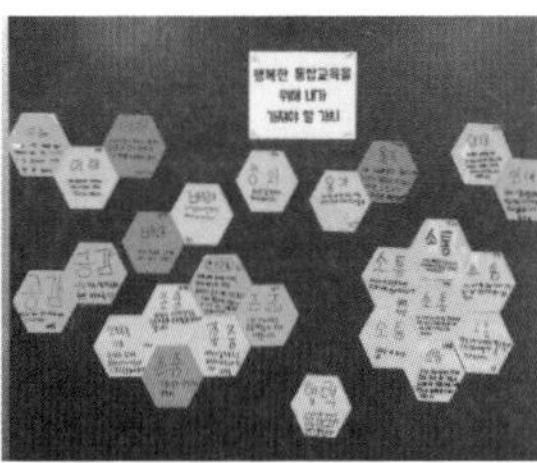

다짐하기 활동 사진

가치카드 활용 활동 사진 – 패들렛

2장

환경 교육

❶ 『맑은 하늘, 이제 그만』 (저학년용)

'내가 아껴 쓰는 만큼
아리안이 사는 동네에
비가 내리도록 해주세요.'

물을 아껴 쓰지 않는 한국의 한 가족과 물을 마시려면 3시간을 걸어가야 하는 아프리카 수단의 아이를 함께 보여주며 물을 절약해야 하는 이유를 알려주는 이야기입니다. 세계 물의 날, 환경의 날을 비롯한 환경 교육에 활용하기 좋은 자료입니다. 한국 가족의 행동과 아프리카 아이의 모습을 대조해 보여줌으로써 아이들은 물을 낭비

하진 않았는지 행동을 되돌아보고, 물 절약을 직접 실천할 수 있습니다.

● 활동 방법

(1) 내용 확인하기

책을 다시 읽으며 한국 가족이 물을 낭비하는 행동을 찾아 봅니다.

〈물 낭비 행동 예시〉

① 양치질과 설거지를 할 때 수돗물을 끄지 않는 것
② 비가 올 것 같은 날씨에도 세차를 열심히 하는 것
③ 수도꼭지를 제대로 잠그지 않았는데도 못 본 체한 행동

이러한 행동이 왜 잘못된 행동인지 이야기합니다. 그다음 실제 아프리카 아이들의 생활 영상을 시청하며 물 절약의 필요성을 알아봅니다.

(2) 내 행동 돌아보기

평소 나와 우리 가족의 생활 모습 중 물을 낭비했던 행동은 무엇이었는지 살펴 보고, 붙임 쪽지에 적습니다. 행동들을 함께 이야기하고, 생활 속에서 물을 절약할 수 있는 방법을 안내합니다. 일주일 동안 물을 아껴 사용하면서 나의 잘못된 행동을 고쳐보도록 안내합니다.

(3) 실천하기

일주일 동안 물 절약을 위해 노력하며 물 절약을 실천합니다. [활동 2] '내 행동 돌아보기' 수업 일주일 뒤에 [활동 3] '실천하기'를 진행합니다. [활동 2]에서 적었던 붙임 쪽지 위에 내가 실천한 내용을 적은 다른 붙임 쪽지로 덮어줍니다. 직접 물 절약 활동을 실천하며 아이들은 환경 보호에 대한 마음을 생각하는 것에서 그치는 것이 아닌 실천의 중요성을 알게 됩니다.

● **활동 Tip**

① [활동 2]에서 저학년 아이들은 평상시에 하는 물 낭비 행동에 대해 인지하지 못할 수도 있으므로, 선생님께서 다양한 물 낭비 예시 및 절약 방법을 제시해 주면 좋습니다.

② [추가 활동, 통합교과 연계] 통합교과수업 내용과 연계해 물 절약 캠페인을 진행할 수 있습니다.

환경 교육

『맑은 하늘, 이제 그만』 수업 한눈에 보기

● 활동 방법

① 내용 확인하기

– 책 다시 보며 한국 가족의 물 낭비 행동 알아 보기

〈물 낭비 행동 예시〉

① 양치질과 설거지를 할 때 수돗물을 끄지 않는 것
② 비가 올 것 같은 날씨에도 세차를 열심히 하는 것
③ 수도꼭지를 제대로 잠그지 않았는데도 못 본 체한 행동

– 관련 영상을 시청하며 물 절약 필요성 알기

② 내 행동 돌아보기

– 나와 우리 가족이 물을 낭비했던 행동을 떠올려, 붙임 쪽지에 적기
– 일주일 동안 물 절약 실천하도록 안내하기

③ 실천하기

– 일주일 동안 물 절약 실천하기
– 내가 실천한 행동을 적어 [활동2]의 붙임 쪽지 위에 붙이기

● 활동 사진

내 행동 돌아보기

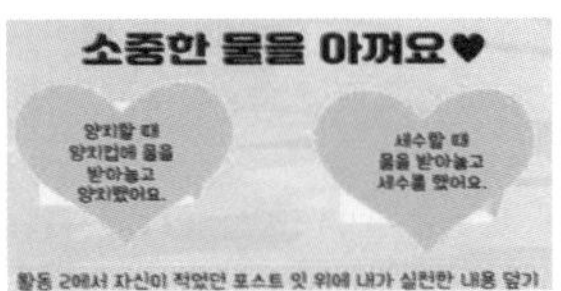

실천하기

❷ 『더 이상 시간이 없어! 나의 바다』 (저학년용)

"여러분, 바다는 온통 플라스틱으로 가득해요.

우리는 플라스틱을 먹고 싶지 않아요.

모든 바다 친구들이 나서야 할 때예요!"

미세플라스틱으로 인해 고통받는 바다의 모습을 보여주는 이야기입니다. 세계 물의 날, 환경의 날을 비롯한 환경 교육에 활용하기 좋은 자료입니다. 아이들에게 아직 낯선 개념인 미세플라스틱에 대해 알리고, 평상시 자신의 플라스틱 사용 습관을 살펴볼 수 있는 기회를 제공합니다.

● 활동 방법

(1) 내용 확인하기

책을 다시 읽으며 바다에 어떤 문제들이 있었는지 찾습니다.

이 중 미세플라스틱에 관한 영상을 시청하며 미세플라스틱이 무엇인지, 바다 생물들과 우리의 삶에 어떤 영향을 끼치는지 알아 봅니다.

〈답변 예시〉

① 바다 쓰레기로 인해 항아리 해면의 구멍이 막혀 물고기의 쉴 공간이 없어지는 문제
② 버려진 그물들에 바다 동물의 몸이 끼이는 문제
③ 미세플라스틱을 먹고 물고기가 병에 걸리는 문제

(2) 플라스틱 사용실태 그래프

우리 반 플라스틱 사용실태를 그래프로 나타내어 봅니다. 우리 생활 속에서 플라스틱이 쓰이는 곳을 이야기하고, 나는 플라스틱을 얼마나 자주 사용하는지 생각합니다. '하루에 한 번', '2~3일에 한 번', '일주일에 한 번' 중 해당하는 곳에 붙임 쪽지를 붙여 그래프로 나타냅니다. 이 활동을 통해 평소 나의 플라스틱 사용 습관을 되돌

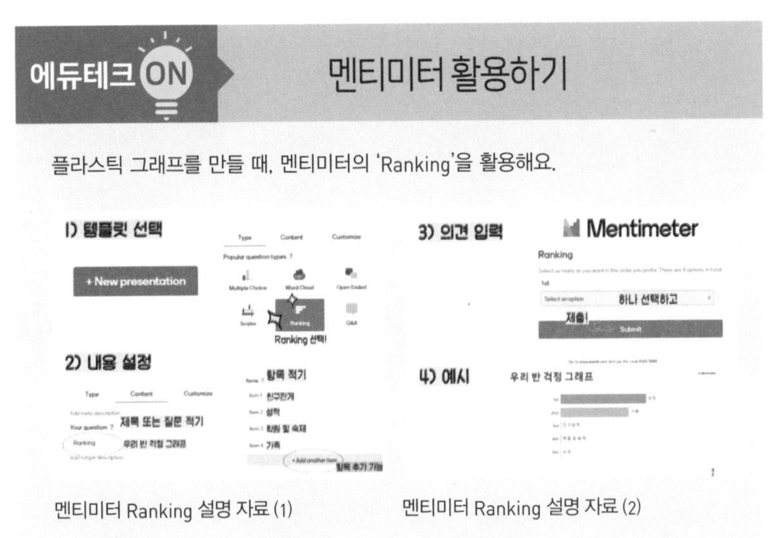

멘티미터 Ranking 설명 자료 (1)

멘티미터 Ranking 설명 자료 (2)

아보며, 플라스틱 사용을 줄일 필요성을 느낄 수 있습니다.

(3) 실천하기

미세플라스틱의 위험성에 대해 아직 모르는 학생들을 위해 미세플라스틱에 대해 알리는 포스터를 만듭니다. 미세플라스틱의 뜻과 해로움, 플라스틱 사용 자제 등 다양한 주제로 포스터를 제작하고 게시판에 게시해 환경 보호를 실천합니다.

● 활동 Tip

① 최근 사회적 이슈인 '제로웨이스트'와 연계해, 플라스틱 줄이기 캠페인 활동을 진행할 수 있습니다.

② '실천하기' 활동 시, 포스터의 크기를 엽서 크기(A4용지 1/2정도)로 만들면 긴 시간을 들이지 않고 제작할 수 있습니다.

환경 교육

『더 이상 시간이 없어! 나의 바다』 수업 한눈에 보기

● 활동 방법

① 내용 확인하기

– 책 다시 보며 바다에 생긴 문제들 알아 보기

〈답변 예시〉

① 바다 쓰레기로 인해 항아리 해면의 구멍이 막혀 물고기의 쉴 공간이 없어지는 문제
② 버려진 그물들에 바다 동물의 몸이 끼이는 문제
③ 미세플라스틱을 먹고 물고기가 병에 걸리는 문제

– 관련 영상을 시청하며 물 절약 필요성 알기

② 플라스틱 사용실태 그래프

– 우리 생활에서 플라스틱이 쓰이는 곳 살피기
– 우리 반 플라스틱 사용실태 그래프 만들기 (ON 멘티미터)
– 나의 플라스틱 사용 습관 되돌아보기

③ 실천하기

– 미세플라스틱에 대해 알리는 포스터 만들기
– 작품 게시해 환경 보호 실천하기

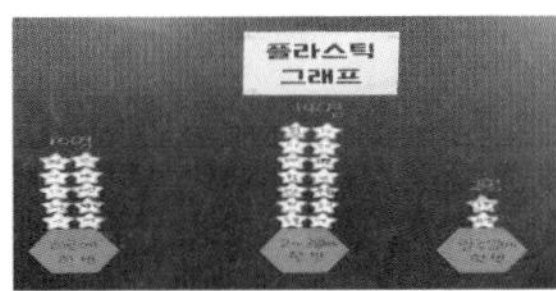

플라스틱 그래프 활동 사진

실천하기 포스터 작품

3장

다문화 교육
『살색은 다 달라요』

'사람은 다 저마다
아름다운 빛깔을 띠고 있는 거야.'

주인공 레나의 시선을 따라가며 사람들의 서로 다른 살색이 지닌 아름다움과 매력을 발견할 수 있는 책입니다. 세계인의 날을 비롯한 다문화 교육에 활용할 수 있습니다. 등장 인물들의 살색을 비유한 다양한 표현을 살펴 보고, 나와 친구의 피부색을 비유하며, 저마다 가지고 있는 아름다움을 소중히 여기고 존중하는 것이 다문화의 시작임을 알려주는 책입니다.

● 활동 방법

(1) 등장 인물의 살색 확인하기

책을 다시 읽으며 등장 인물의 살색을 비유한 표현을 살펴 보고, 활동지에 등장 인물과 비유 표현을 알맞게 연결합니다. 내용을 확인하며 갈색에도 다양한 빛깔의 갈색이 있고, 그 갈색을 표현하는 방법도 다양하다는 것을 이해합니다.

〈활동 질문, 답변 예시〉

등장 인물	비유 표현
주인공 레나	계피 색깔
엄마	노릇하게 살짝 구운 식빵
케티 이모	코코넛과 커피 맛 사탕

(2) 친구의 살색 비유하기

친구의 피부색을 책처럼 비유해서 적어 봅니다. [활동 1]을 통해 살색을 표현하는 다양한 비유 표현들을 살펴 보았기 때문에, 아이들도 친구의 피부색을 '우유에 초콜릿을 3방울 떨어뜨린 색'과 같이 다양하게 제시했습니다. 이 활동을 통해 각자가 가진 특징을 아름답고 특별하게 여길 수 있게 해줍니다.

(3) 다문화의 의미 생각하기

관련된 영상을 시청하고 미니 퀴즈를 풀며 다문화의 의미를 알아봅니다. 이때 다문화를 나 이외의 모든 사람의 다름을 인정하는 넓은 의미로 인식하도록 지도합니다. 마지막으로 내가 생각하는 다문화란 무엇인지 적고 친구들과 공유하며 수업을 마무리합니다.

〈내가 생각하는 다문화란? 답변 예시〉

> 내가 생각하는 다문화란 '풍선'인 것 같다. 왜냐하면 풍선은 어떤 모양이든 어떤 색깔이든 뭘 해도 아름다운데, 다문화도 어떤 색깔의 피부색이어도 자기 자신만의 매력이 있기 때문이다.

패들렛, 띵커보드 활용하기

패들렛의 '담벼락'이나 띵커보드를 활용해 신호등 토론을 할 수 있어요. 선생님이 패들렛이나 띵커보드 링크를 공유해 주면, 아이들은 주제에 대한 자신의 생각을 적어요. 이후 게시물의 색을 찬성, 중립, 반대에 맞게 초록색, 노란색, 빨간색으로 변경해요. 같은 색끼리 묶어주면 아이들의 의견을 더욱 구조화해 볼 수 있습니다.

● 활동 Tip

[고학년 추가 활동, 독서토론 연계] 피부색과 관련된 주제로 신호등 토론을 진행할 수 있습니다. 토론 주제는 다음과 같습니다.

> 이순신 역할을 흑인이 할 수 있을까요?

최근 외국 드라마나 영화에서 원작의 백인 주인공이 흑인으로 캐

스팅되는 경우를 제시하며 이에 대한 아이들의 생각을 알아 봅니다. 자신의 생각을 초록색(찬성), 노란색(중립), 빨간색(반대)로 표현합니다. 그다음 친구들의 의견을 듣고 생각이 바뀐다면 의견을 수정할 수 있습니다. 자세한 신호등 토론 방법은 281쪽(정의의 악플러 신호등 토론)을 참고해 주세요.

다문화 교육

『살색은 다 달라요』 수업 한눈에 보기

● 활동 방법

① 등장 인물의 살색 확인하기

- 등장 인물의 살색을 비유한 표현 살펴 보기

〈활동 질문, 답변 예시〉

등장 인물	비유 표현
주인공 레나	계피 색깔
엄마	노릇하게 살짝 구운 식빵
케티 이모	코코넛과 커피 맛 사탕

- 등장 인물과 비유 표현 알맞게 연결하기

② 친구의 살색 비유하기

- 친구의 살색 비유하기
- 각자가 가진 특징을 아름답고 특별하게 여기기

③ 다문화의 의미 생각하기

- 다문화와 관련된 영상 보고, 퀴즈를 통해 다문화의 의미 이해하기
- 내가 생각하는 다문화의 의미 적어 보기

〈답변 예시〉

> 내가 생각하는 다문화란 '풍선'인 것 같다. 왜냐하면, 풍선은 어떤 모양이든 어떤 색깔이든 뭘 해도 아름다운데, 다문화도 어떤 색깔의 피부색이어도 자기 자신만의 매력이 있기 때문이다.

④ [선택 활동] 신호등 토론

– 토론 주제: 이순신 역할을 흑인이 할 수 있을까요?

– 자신의 생각을 초록색(찬성), 노란색(중립), 빨간색(반대)로 표현하기
(ON 패들렛, 띵커보드)

– 친구들의 의견을 듣고 생각이 바뀌면 의견 수정하기

● 활동 사진

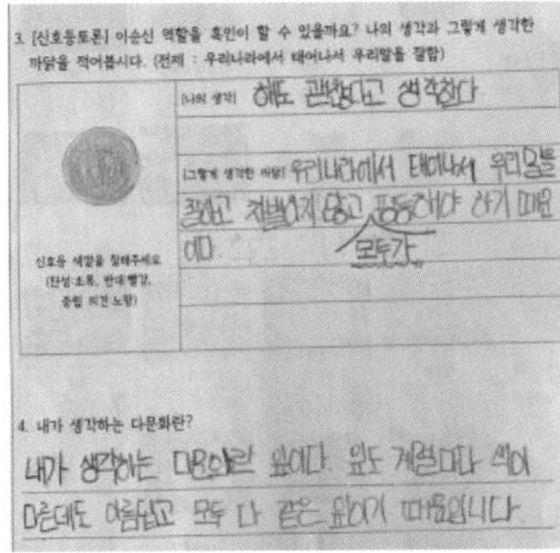

3. [신호등토론] 이순신 역할을 흑인이 할 수 있을까요? 나의 생각과 그렇게 생각한 까닭을 적어봅시다. (전제 : 우리나라에서 태어나서 우리말을 잘함)

신호등 색깔을 칠해주세요 (찬성:초록, 반대:빨강, 중립 의견:노랑)	[나의 생각] 해도 괜찮다고 생각한다 [그렇게 생각한 까닭] 우리나라에서 태어나서 우리말을 잘하고 차별하지 않고 모두가 평등해야 하기 때문이다.

4. 내가 생각하는 다문화란?

내가 생각하는 다문화란 잎이다. 잎도 계절마다 색이 다른데도 아름답고 모두 다 같은 잎이기 때문입니다.

신호등 토론 활동지 사진

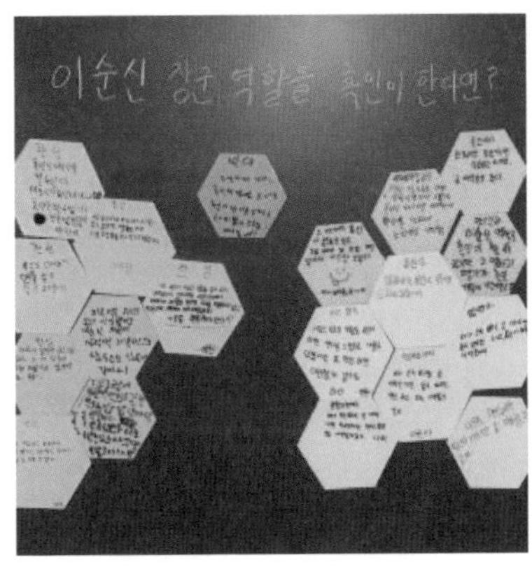

신호등 토론 수업 사진

4장

학교 폭력 예방 교육
『내 탓이 아니야』

'내 탓이 아니야!'

한 아이가 친구들에게 둘러싸여 얼굴을 숙인 채 울고 있습니다. 그 누구도 아이가 우는 것이 자신의 책임이라 하지 않고 "내 탓이 아니야!"라고만 외칩니다. 정말 이 친구들에게 책임이 없을까요? 학교 폭력 예방 교육에 활용할 수 있는 이 책으로 조금은 무거운 분위기를 조성해 책임이란 무엇인지 아이들과 진지하게 생각해 볼 수 있습니다.

● 활동 방법

(1) 돌아가며 책 읽기

책을 읽기 전 '방관자 효과' 영상을 시청합니다. 실험자의 수가 늘어날수록 위험 상황을 돕는 비율이 낮아지는 실험 결과를 보여주며, '내가 꼭 나서지 않아도 되겠지.'라는 생각의 위험성을 알아 봅니다. 이후 한 명씩 그림책 6~20쪽에 등장하는 인물을 맡아 읽습니다. 이 활동을 통해 나는 피해자, 가해자, 방관자 중 어디에 해당하는지 생각합니다.

(2) 역할극 하기

울고 있는 주인공 1명과 내 탓이 아니라고 외치는 등장 인물 14명이 돼 역할극을 합니다. 대사를 직접 하며 역할극을 진행합니다. 방관자–피해자 역할을 바꿔가며 활동을 진행하고, 역할극을 마친 뒤 느낀 점을 이야기합니다.

(3) '책임'을 주제로 토의 활동하기

책임을 지거나 회피했던 경험을 나눕니다. 친구들의 의견을 바탕으로 '책임'이란 낱말을 각자 정의해서 적습니다. 마지막으로 포토스탠딩 활동을 진행합니다. '책임'이라는 낱말과 관련이 없는 사진과 '책임'의 의미를 연관 지으며, 책임감 있는 행동이란 무엇인지 더 깊게 생각해볼 수 있습니다.

패들렛, 띵커보드 활용하기

23번
책읽은 시간이다.왜냐면 그만큼 중
요하기때문이다.
5

'포토스탠딩'은 교사가 제시한 여러 사진 중 하나의 사진을 선택해 주제와 연관시켜 이야기해 보는 토의 기법이에요. 패들렛이나 띵커보드에 미리 사진을 올려두고 댓글을 다는 형태로 에듀테크를 활용한 포토스탠딩 활동을 하세요.

포토스탠딩 – 패들렛 활용

● 활동 Tip

– 역할극을 할 땐 표정과 몸짓을 살려 대사를 말하도록 지도하고, 청중들이 적극적으로 반응할 수 있도록 합니다. 어울리는 노래를 틀고 활동을 진행하면 역할 몰입에 도움이 됩니다.

학교 폭력 예방 교육

‘『내 탓이 아니야』(왕따와 책임에 대해)’ 수업 한눈에 보기

● 활동 방법

① 돌아가며 책 읽기

- 책 읽기 전 ‘방관자 효과’ 관련 영상 시청하기
- 역할을 정해 돌아가며 책 읽기
- 나는 피해자, 가해자, 방관자 중 어디에 해당하는지 생각하기

② 역할극 하기

- 책의 등장 인물이 돼 역할극 하기
- 방관자, 피해자 역할을 바꿔가며 활동 진행하기
- 활동 후 느낀 점 공유하기

③ ‘책임’을 주제로 토의 활동하기

- 책임을 지거나 회피했던 경험 나누기
- ‘책임’이란 무엇인지 정의하기
- 포토스탠딩 활동을 통해 ‘책임’에 대해 깊게 생각해 보기
  (ON 패들렛, 띵커보드)

● 활동 사진

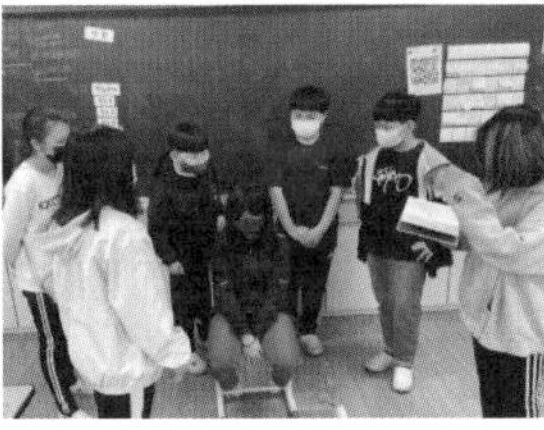

역할극 활동 사진

‘책임’ 경험 나누기

3부

스마트한 ON 책읽기

온책읽기 활동, 어떻게 진행하고 있나요? 내실 있는 독서교육을 위하여 2015 개정 교육과정에서는 초등학교 3~6학년 국어에 '독서 단원'을 신설하였습니다. 한 학기에 한 권의 도서를 선정하여 8~10차시 분량의 수업을 진행함으로써 한 권의 책이라도 깊이 있고, 제대로 읽는 시간을 교육과정에서 보장하고 있습니다. 이를 통해 학생들이 책 속의 인물, 사건, 배경 등을 이해하고 인물들의 감정이나 행동에 공감하며 독서의 즐거움을 느끼는 기회를 제공하고 있습니다.

많은 선생님이 온책읽기의 중요성에 대해서는 공감하지만, 단원의 특성상 재구성이 필수적이기에 수업에 어려움을 느끼는 것도 사실입니다. 저희는 선생님들의 부담을 줄이면서도, 학생들의 흥미를 끌 수 있는 독서교육을 어떻게 할 수 있을지에 대해 고민하였습니다. 그런 상황에서 코로나19로 인해 온·오프라인 수업이 병행되면서 온라인으로 학생들의 의견을 실시간으로 모으고, 자신의 작품을 친구들과 공유하며 피드백을 해야 하는 상황이 많아졌습니다. 새로운 독서교육의 필요성이 커짐에 따라 패들렛, 카훗, 멘티미터 등 다양한 에듀테크 플랫폼을 독서교육에 적극적으로 활용하여 수업을 계획하고 진행하게 되었습니다. 학생들은 에듀테크를 활용한 온·오프라인 연계 독서 활동을 통해 한 학기 한 권 읽기 수업에 즐겁게 참여하였고, 책에 대한 흥미와 책을 읽고자 하는 내적동기 또한 높아짐을 느낄 수 있었습니다.

에듀테크를 활용한 온책읽기 수업을 준비하면서 가장 고심한 부분은 어떤 책을 선정할지였습니다. 학년 수준에 맞으면서도 학생들의 흥미를 이끌만한 책을 추리기 위해 노력했습니다. 3~4학년군은 『비밀의 무게』, 『걱정 세탁소』, 『어느 날 구두에게 생긴 일』을, 5~6학년군은 『시간 가게』, 『딸기 우유 공약』, 『정의의 악플러』를 활용하여 수업을 계획하였습니다. 우정, 비밀, 학업 스트레스, 학교 폭력, 악플 등 다양한 주제의 도서를 선정하였으니 학급·학년 실정에 맞게 선택하시면 됩니다.

읽기 전 활동으로는 '책 퍼즐로 상상하기'를 비롯하여 책 내용과 관련 있는 배경지식을 활용하는 활동을 통해 학생들의 흥미를 유발할 수 있도록 했습니다. 읽기 중에는 '메모하며 읽기'를 통해 책을 꼼꼼하게 읽을 수 있도록 했습니다. 책을 다 읽은 후에는 '카훗으로 내용 확인하기', '멘티미터로 감정 그래프 그리기', '3분 극장', '노래 바꾸기', '고민 해결하기' 등 다양한 활동을 제시하여 단계별로 학생들이 책을 따분하게 여기지 않고, 책의 주제에 대해 깊게 생각해 볼 수 있게 했습니다. 가치보석을 활용한 토의·토론 활동도 다채롭게 제시하고 있어 학생들의 인성교육도 함께 진행할 수 있습니다.

차시 수업마다 에듀테크를 활용하는 방법, 에듀테크를 활용하지 않고 수업하는 방법 2가지 모두 제시하고 있어 온·오프라인 연계 수업에 유용하게 활용하실 수 있습니다. 또, 국어 단원 및 다른 교과와 연계하여 수업할 수 있는 팁도 다양하게 제시하고 있어 저희가 제시하는 수업 흐름과 계획을 그대로 활용하거나, 책에 제시된 여러 활동을 융통성 있게 재구성하여 운영할 수도 있습니다. 위에서 제시한 책 외에도 온책읽기에 활용할 수 있는 다양한 책들을 4부에 제시해뒀으니 추천 책을 활용하여 다양하고 내실 있는 독서 수업을 진행해 보셔도 좋을 것 같습니다.

한 권의 책이지만, 학생들의 삶에 자양분이 되는 수업이 되길 바랍니다. 이런 과정들을 통해 학생들이 앞으로 살아가는 데 많은 도움이 될 수 있는 경험을 쌓을 수 있을 것입니다.

6가지 책의 ON책읽기, 지금부터 자세히 살펴볼까요?

1장

3,4학년 추천 온책읽기

1. 『비밀의 무게』

『비밀의 무게』(글 심순, 그림 심보영)를 활용한 9차시 분량의 수업 자료(활동지 및 PPT)는 '크랩 블로그'에서 내려받을 수 있습니다.

* 블로그 주소: https://crab.tistory.com/

"나도 고마워. 내 방에 놀러 와 줘서."

"내가 더 고마워. 내 비밀 지켜 줬잖아."

『비밀의 무게』는 힘들 때마다 창밖의 남산 타워를 바라보는 찬이, 치매에 걸린 할머니와 함께 지내게 된 유나, 바쁜 엄마 대신 할아버지의 돌봄을 받는 승모의 이야기를 담은 책입니다. 각각 다른 이야기지만 3명의 주인공 모두 말 못 할 비밀을 가지고 있습니다.

「비밀의 무게」의 주인공 찬이는 늘 서 있느라 지친 남산 타워를 방에 몰래 숨겨 주고, 「다 사정이 있어」의 유나는 집을 어지르는 집 요정의 존재를 알고도 다른 사람들에게 끝까지 말하지 않고, 「가장 귀한 눈물」의 승모는 다른 사람에게 비밀을 알리지 않고 자기 나름대로 가장 귀한 눈물을 얻을 방법을 찾습니다.

아이들 누구나 한 번쯤 비밀을 가져본 적이 있을 것입니다. 이 책을 읽으며 아이들은 다른 이에게는 말 못 할 비밀을 떠올리며 책 내용에 공감하고, 위로받을 수 있습니다. 또한, 이 책은 주인공의 입장이 돼 '우리 집에 유명인이 온다면 어떨까?'와 같은 엉뚱한 주제에 대해 자유롭게 상상하는 기회를 제공합니다. 이야기별로 3차시씩 활동을 구성해 총 9차시 수업으로 계획했습니다. 짧고 가볍지만, 마음 따뜻한 세 편의 이야기를 읽으며 3~4학년 아이들이 책 읽는 재미를 느낄 수 있기를 바라는 마음에서 이 책을 선정했습니다.

❶ 「비밀의 무게」 1차시: 내용 확인하기(읽기 중)

「비밀의 무게」를 읽으며 책의 중요한 내용을 메모하고 질문에 답하는 활동입니다. 책을 읽으며 활동지의 질문을 하나씩 해결하고, 마지막에 모두 함께 질문의 답을 알아보며 책의 내용을 확인합니다. 책의 내용을 묻는 질문뿐만 아니라 자신의 경험을 묻는 질문을 통해 학생들이 책의 내용을 깊게 이해할 수 있습니다.

활동 방법

(1) 읽기 전 활동하기

책을 읽기 전 책 표지와 제목을 보고 어떤 내용일지 자세하게 살펴볼 시간을 제공합니다. 책의 제목인 '비밀의 무게'의 뜻을 생각해 보고, 비밀을 지키는 것의 어려움에 대해 이야기합니다. 아이들이 한 번쯤 상상해 보았을 질문을 통해 책을 읽기 전 학생들의 흥미를 유발하고, 책 읽기를 시작합니다.

〈질문 예시〉

① 왜 비밀에 무게가 있을까요?
② 비밀을 지킬 때 어려움은 무엇일까요?
③ 우리 집에 유명인이 온다면 어떨까요?
④ 그 유명인이 자신이 온 것은 비밀로 해달라고 한다면 나는 그 약속을 지킬 수 있을까요?

(2) 활동지의 질문 해결하며 책 읽기

모든 학생에게 책이 있는 경우, 학생들은 각자 책을 읽으며 활동지의 질문을 해결합니다. 교사가 책을 읽어주는 경우, 학생들이 이야기를 들으며 활동지를 작성하면 이야기를 놓칠 수도 있습니다. 이 경우에는 이야기를 들으며 활동지에 간단하게 메모하고 추후 충분하게 시간을 주어 작성하게 하는 것이 좋습니다.

〈활동지 질문〉

① 찬이의 학교 생활이 달라진 이유는 무엇일까요?
② 집에 남산 타워가 온 후 달라진 찬이의 행동은?
③ 찬이가 끝까지 비밀을 지킨 이유는 무엇인가요?

*** 교과 연계**
– 3학년 1학기 국어 5단원. 중요한 내용을 적어요
(내용 간추리며 듣기)

(3) 내용 확인하기

활동지의 질문을 풀고 난 뒤, 다 함께 질문에 대한 답을 확인합니다. 학생들이 대답하기 어려워하는 질문은 책을 다시 보며 내용을 정확하게 파악할 수 있도록 합니다.

(4) 나의 경험 떠올려보기

책의 내용과 관련해 남들에게 말하지 못한 비밀을 가졌던 경험을 떠올려 적습니다. 친구들에게 말할 수 있는 비밀은 글로 적어 보고, 공유하기 힘든 비밀은 억지로 적을 필요는 없다고 안내해 학생들이 주인공의 마음에 공감할 수 있도록 합니다.

패들렛, 띵커보드 활용하기

온라인 수업 때는 활동지의 질문을 패들렛으로 제시하고, 학생들이 댓글로 답을 입력할 수 있어요.

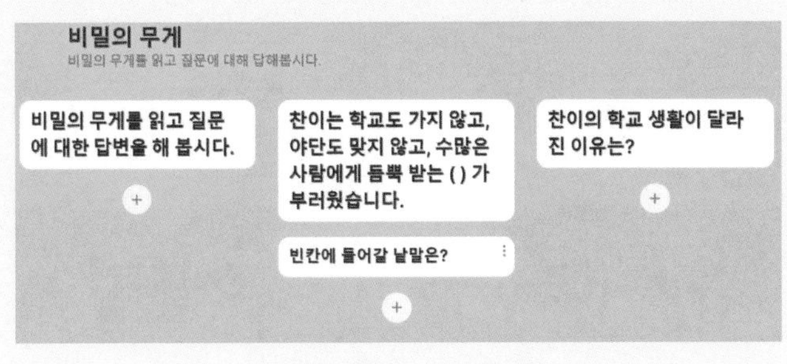

비밀의 무게 1차시 – 패들렛

● 활동 Tip

① '읽기 중' 활동에 활동지를 활용하거나 학생들이 직접 질문을 만들고 답하며 책의 내용을 확인할 수 있습니다.

② [활동 4]의 비밀에 관한 나의 경험을 떠올려 적는 활동에서는 활동지가 아닌 학습 보드판을 활용해서 서로의 생각을 공유하는 것도 좋습니다.

「비밀의 무게」 1차시

'내용 확인하기'수업 한눈에 보기

● 활동 방법

① 읽기 전 활동하기

- 책 표지와 제목 살펴 보기
- 책 내용과 관련된 질문(우리 집에 유명인이 온다면 비밀을 지킬 수 있을까요?)을 통해 흥미 유발하기

② 활동지의 질문 해결하며 책 읽기

- 학생들이 모두 책을 가지고 있는 경우에는 책을 읽으며 풀기
- 교사가 책을 읽어주는 경우에는 내용을 들으며 활동지에 간단하게 메모 후, 추후에 활동지 완성하기 (ON 패들렛)

〈활동지 질문〉

① 찬이의 학교 생활이 달라진 이유는 무엇일까요?
② 집에 남산 타워가 온 후 달라진 찬이의 행동은?
③ 찬이가 끝까지 비밀을 지킨 이유는 무엇인가요?

*** 교과 연계**
- 3학년 1학기 국어 5단원. 중요한 내용을 적어요(내용 간추리며 듣기)

③ 내용 확인하기

- 다 함께 질문에 대한 답 확인하기
- 대답하기 어려워하는 질문은 책을 다시 보며 내용 파악하기

④ 나의 경험 떠올려보기

- 비밀을 가져본 경험이 있는지 나의 경험을 떠올려보기
- 말할 수 있는 비밀은 글로 적어 보고, 공유하기 힘든 비밀은 적지 않아도 된다고 안내하기

❷ 「비밀의 무게」 2~3차시: 어서 와, 우리 집은 처음이지?(읽은 후)

주인공 찬이처럼 우리 집에 내가 좋아하는 유명인이나 물건이 온다면 어떨지 상상해 보는 활동입니다. 내가 좋아하는 대상이 우리 집에 왔다는 상상만으로도 학생들은 큰 흥미를 느낄 수 있습니다. 주인공처럼 비밀을 잘 지킬 수 있을지, 나라면 어떻게 행동할지 상상해서, 4컷 만화로 그립니다. 만약 내가 좋아하는 그 대상이 우리 집에 있다면 생길 고민을 상상하고, '헤어짐의 편지'를 써보며 학생들은 책의 주인공에게 깊이 공감할 수 있습니다.

● 활동 방법

(1) 장면 상상하기

우리 집에 왔으면 하는 물건, 건물 혹은 인물을 정하고, 하고 싶은 것들을 상상해 적습니다. 대상과 함께 보내는 시간을 상상하며

〈활동지 질문〉

① '비밀의 무게'에서는 남산 타워가 우리 집에 왔습니다.
만약 여러분들 집에 내가 좋아하는 대상이 올 수 있다면,
어떤 것(물건, 건물) 또는 사람이 왔으면 좋겠나요?
② 만약 우리 집에 내가 좋아하는 대상이 온다면,
그 대상에게 주고 싶은 물건은 무엇인가요?
③ 내가 좋아하는 대상이 우리 집에 얼마나 있으면 좋을까요?
④ 만약 그 대상이 없다면 세상은 어떻게 될까요?
⑤ 그 대상과 하고 싶은 것들을 적어 봅시다.
그리고 여러분들도 찬이처럼 비밀을 지켜줄 수 있을까요?

학생들은 다른 이의 소중함과 고민, 걱정 등을 공감해볼 수 있습니다.

(2) 4컷 만화로 표현하기

4컷 만화 그리는 방법을 함께 알아 봅니다. 4컷 만화를 그릴 때 가장 먼저 구성해야 할 것은 스토리(이야기)이고, 대사는 말풍선으로 그린다는 것을 안내합니다. [활동 1]에서 적은 내용을 바탕으로 활동지에 주제, 등장 인물, 줄거리를 적고, 장면을 4컷으로 나눠 구상합니다. 구상을 마치면 4컷 만화로 표현합니다. 만화는 전시하고 공유해 친구들은 어떤 대상과 어떤 일을 하고 싶은지 공유합니다.

*** 교과 연계**

- 4학년 1학기 국어 10단원. 중요한 인물의 마음을 알아봐요 (재미있었던 일을 만화로 표현하기)

(3) 작별 편지 쓰기

이야기의 주인공 찬이가 남산타워와 함께 지낼 때 힘들었던 점을 생각하고, 그 대상과 함께한다면 겪을 어려운 점들을 상상해 적습니다. 함께 했던 것들을 추억하며 고마웠던 일이나 아쉬운 마음을 담아 대상에게 편지를 써 보며 활동을 마무리합니다.

*** 교과 연계**

- 3학년 1학기 국어 4단원. 내 마음을 편지에 담아
  (마음이 잘 드러나게 편지 쓰는 방법 익히기)
- 3학년 2학기 국어 6단원. 마음을 담아 글을 써요
  (읽을 사람을 생각하며 마음을 전하는 글쓰기)
- 4학년 2학기 국어 2단원. 마음을 전하는 글을 써요
  (마음을 전하는 글을 쓰는 방법 알기, 마음을 전하는 글쓰기)

패들렛, 띵커보드 활용하기

활동 내용을 패들렛 '담벼락'이나, '그리드'로 공유할 수 있어요. 댓글과 좋아요 기능을 활용하면 더 좋습니다.

● 활동 Tip

① 몇몇 학생들은 자신이 좋아하는 유명인을 만난다면 '사인을 받고, 사진을 찍는다.'라고 간단하게 생각하기도 합니다. 책의 주인공처럼 유명인의 고충이나, 비밀을 지키기 어려운 고민을 생각해 보며 주인공의 마음에 공감할 수 있도록 지도합니다.

② 3학년 학생들은 4컷 만화를 구상하고, 표현하는 게 어려울 수 있습니다. 이럴 때는 내가 좋아하는 대상과 하고 싶은 일들을 4컷의 그림으로 표현하게 하는 것도 추천합니다.

「비밀의 무게」 2차시

'어서 와, 우리 집은 처음이지?'수업 한눈에 보기

● 활동 방법

① 장면 상상하기

- 우리 집에 내가 좋아하는 유명인이 온다면 어떨지 상상해보기
- 정해진 항목에 맞게 학생들의 걱정을 조사해 그래프로 그리기(ON 멘티미터)

② 4컷 만화로 표현하기

- 4컷 만화 그리는 방법 알아 보기
- 활동지에 주제, 등장 인물, 장면 4개 구상해서 적기
- 4컷 만화로 표현하기

*** 교과 연계**

- 4학년 1학기 국어 10단원. 중요한 인물의 마음을 알아봐요 (재미있었던 일을 만화로 표현하기)

③ 작별 편지쓰기

- 대상과 함께 있으면 겪을 어려운 점 상상해보기
- 고마웠던 일이나 아쉬운 마음을 담아 작별 편지 쓰기

*** 교과 연계**

- 3학년 1학기 국어 4단원. 내 마음을 편지에 담아 (마음이 잘 드러나게 편지 쓰는 방법 익히기)
- 3학년 2학기 국어 6단원. 마음을 담아 글을 써요 (읽을 사람을 생각하며 마음을 전하는 글쓰기)
- 4학년 2학기 국어 2단원. 마음을 전하는 글을 써요 (마음을 전하는 글을 쓰는 방법 알기, 마음을 전하는 글쓰기)

● 활동 사진

4컷 만화 작품 (1)

4컷 만화 작품 (2)

4컷 만화 작품 (3)

4컷 만화 작품 (4)

❸ 「다 사정이 있어」 1차시: 내용 확인하기(읽기 중)

책의 두 번째 이야기 「다 사정이 있어」의 첫 번째 활동입니다. 책을 읽으며 활동지의 질문을 하나씩 해결해 보고, 마지막에 함께 질문의 답을 알아보며 책의 내용을 확인합니다. 책의 내용을 묻는 질문뿐만 아니라 자신의 생각을 묻는 질문을 풀어 보며 책의 내용을 깊게 이해할 수 있습니다.

● 활동 방법

(1) 활동지의 질문 해결하며 책 읽기

책을 읽기 전 제목 「다 사정이 있어」의 뜻을 생각해 봅니다. 주인공에게 어떤 사정이 있을지를 간단하게 이야기해 본 뒤 책 읽기를 시작합니다. 활동 방법은 「비밀의 무게」 1차시에서 소개한 것과 같습니다.

〈활동지 질문〉

① 할머니가 말해준 우리 집의 비밀은 무엇인가요?
② 요정들이 물건을 바꿀 때 규칙은 무엇인지 책 67쪽에서 찾아 적어 보세요.
③ 요정들이 할머니를 데려간 대신 보내준 것은?

(2) 내용 확인하기

활동지의 질문을 풀고 난 뒤, 다 함께 질문에 대한 답을 확인합니다. 학생들이 대답하기 어려워하는 질문은 책을 다시 보며 내용을 정확하게 파악할 수 있도록 합니다.

(3) 소중한 물건 생각해 보기

활동지의 마지막 질문인 '요정들에게 줄 수 없고, 바꿀 수 없는 소중한 물건은 무엇인지'에 대해 생각한 내용을 적습니다. '어떤 것과도 바꿀 수 없는 사람'이라고 질문하면 대부분 '가족'이라고 말할 것입니다. 따라서 사람보다는 사물이 무엇인지 생각해서 쓰게 하면 학생들의 다양한 생각을 들어볼 수 있을 것입니다.

패들렛, 띵커보드 활용하기

질문을 입력해 둔 패들렛에 학생들이 댓글로 답을 입력해보는 방식으로 수업을 할 수 있어요.

● 활동 Tip

① '읽기 중' 활동에 활동지를 활용하거나 학생들이 직접 질문을 만들고 대답해보며 책의 내용을 확인할 수 있습니다.

② [활동 3]에서는 활동지가 아닌 학습 보드판을 활용해서 서로의 생각을 공유해 보는 것도 좋습니다.

「다 사정이 있어」 1차시

'내용 확인하기' 수업 한눈에 보기

● 활동 방법

① 활동지의 질문 해결하며 책 읽기

- 이야기를 읽기 전 제목을 살펴 보고, 주인공에게 어떤 사정이 있었을지 이야기해보기
- 학생들이 모두 책을 가지고 있는 경우에는 책을 읽으며 활동지 풀기
- 교사가 책을 읽어주는 경우에는 내용을 들으며 활동지에 간단하게 메모 후, 추후에 활동지 완성하기 (ON 워크시트, 패들렛)

〈활동지 질문〉

① 할머니가 말해준 우리 집의 비밀은 무엇인가요?
② 요정들이 물건을 바꿀 때 규칙은 무엇인지 책 67쪽에서 찾아 적어 보세요.
③ 요정들이 할머니를 데려간 대신 보내준 것은?

② 내용 확인하기

- 다 함께 질문에 대한 답 확인하기
- 대답하기 어려워하는 질문은 책을 다시 보며 내용 파악하기

③ 소중한 물건 생각해 보기

- 요정들에게 절대 줄 수 없는, 소중한 물건은 무엇인지 생각해서 적어 보기

❹「다 사정이 있어」 2차시: 내가 요정이라면?(읽기 후)

내가「다 사정이 있어」에 나오는 집 요정이 된다면 어떨지 상상해 보는 활동입니다. 집 요정에 대해 상상하는 활동을 통해 주인공의 행동에 공감할 수 있고, 학생들이 어떤 가치를 중요하게 생각하는지를 살펴볼 수 있습니다.

● 활동 방법

(1) 장면 상상하기

내가 집 요정이 된다면 어떨지 상상하는 활동입니다. 먼저 책에 나온 집 요정의 물건 바꾸기 규칙, '요정들은 꼭 필요한 물건을 가져간 만큼 주인공에게도 꼭 필요한 물건을 준다.'를 떠올려 봅니다. 그 다음, 내가 요정이라면 어떻게 행동할지 생각해서 적습니다. 어떤 물건을 가져오고, 넣어둘지 이야기하며 학생들은 자신이 각자 중요하게 여기는 가치는 무엇인지에 대해 알 수 있습니다.

〈활동지 질문〉

① 내가 요정이라면 내 방에서 어떤 물건을 가져갈까요?
이유도 함께 적어 봅시다.
② 내가 요정이라면 가져간 물건 대신 무엇을 넣어둘까요?
이유도 함께 적어 봅시다.

(2) 요정 모습 상상하기

실제로 우리 집에 요정이 있다면 어떤 모습일지 요정의 모습을 상상해서 그립니다. 요정의 이름과 특징도 적어 봅니다. 완성된 작품도 공유하며 친구가 상상한 요정의 모습을 살펴 봅니다.

패들렛, 띵커보드 활용하기

내가 만든 작품을 찍어 패들렛 또는 띵커보드에 공유할 수 있어요.

● 활동 Tip

① [활동 1]에서 '필요한 물건을 가져간 만큼 주인공에게도 꼭 필요한 물건을 준다'는 규칙을 지키지 않는 친구들이 있습니다. 소중한 것을 가져갔다면 그만큼 소중한 것을 넣어둘 수 있도록 안내합니다.

② 요정의 모습을 그릴 때, 활동을 일찍 마친 학생들은 요정들이 사는 집을 상상해 그려보는 것도 좋습니다.

「다 사정이 있어」 2차시

'내가 요정이라면?' 수업 한눈에 보기

● 활동 방법

① 장면 상상하기

- 내가 집 요정이 된다면 어떨지 상상해보기
- 내 방에서 어떤 물건을 가져가고, 대신 어떤 물건을 넣어둘지 생각해서 이유도 함께 적어 보기

〈활동지 질문〉

① 내가 요정이라면 내 방에서 어떤 물건을 가져갈까요?
이유도 함께 적어 봅시다.
② 내가 요정이라면 가져간 물건 대신 무엇을 넣어둘까요?
이유도 함께 적어 봅시다.

② 요정 모습 상상하기

- 실제로 우리 집에 요정이 있다면 어떤 모습일지 요정의 모습을 상상해 그려보고, 특징 설명하기
- 친구들의 작품 감상하기 (ON 패들렛, 띵커벨)

● 활동 사진

3. 실제로 우리 집에 요정이 있다면 어떤 모습일까요? 상상해서 그려봅시다.

요정 모습 상상하기 작품 (1)

3. 실제로 우리 집에 요정이 있다면 어떤 모습일까요? 상상해서 그려봅시다.

요정 모습 상상하기 작품 (2)

❺ 「다 사정이 있어」 3차시: 뒷이야기 상상하기 (읽기 후)

앞 차시 활동을 바탕으로 책의 뒷이야기를 상상해서 적는 활동입니다. 주인공 유나, 할머니 그리고 집 요정들이 어떻게 지냈을지 상상하며 등장 인물의 마음에 공감할 수 있습니다.

● 활동 방법

(1) 뒷이야기 상상 준비하기

뒷이야기에서 주인공 유나가 어떻게 행동할지 선택해서 적어 보며 상상하는 글을 쓸 준비를 합니다.

〈활동지 질문, 예시 답변〉

① 유나는 집 요정들과 어떻게 지냈을까요? 비밀을 다른 사람도 알게 됐을까요?	유나는 비밀을 지켰고, 집요정이 가져다 준 쓸모 있는 물건들이 유나를 도와줘서 행복하게 산다.
② 유나는 할머니와 다시 만났을까요? 할머니는 어떻게 지내실까요?	할머니를 다시 만났지만 요정들이 할머니의 기억을 지워서 지금까지 집에서 있었던 일을 기억하지 못하셨다.

(2) 뒷이야기 상상하기

[활동 1]에서 적은 내용을 바탕으로 뒷이야기를 상상해서 적습니다. 뒷이야기를 돌아가며 읽어 보며 잘한 점과 개선할 점 등을 이야기해 봅니다. 이 활동을 통해 같은 이야기도 다음 내용을 어떻게 쓰느냐에 따라 다양하게 전개될 수 있다는 점을 알 수 있습니다.

*** 교과 연계**

– 4학년 1학기 국어 5단원. 내가 만든 이야기
(이야기의 흐름을 이해한 뒤 이어질 내용 상상해 쓰기,
자신이 상상한 이야기를 친구에게 들려주기)

패들렛, 띵커보드 활용하기

활동지를 찍어 패들렛 '담벼락' 또는 띵커보드에 공유할 수 있어요. 댓글과 좋아요(♡)로 공감을 표현해보는 것도 좋아요.

● 활동 Tip

– 학생들이 쓴 글로 자기평가와 상호평가를 진행할 수 있습니다.

「다 사정이 있어」 3차시

'뒷이야기 상상하기' 수업 한눈에 보기

● 활동 방법

① 뒷이야기 상상 준비하기

– 주인공이 어떻게 행동했을지 선택하기

– 책의 등장 인물들은 어떻게 지낼지 생각해보기

〈활동지 질문, 예시 답변〉

질문	예시 답변
① 유나는 집 요정들과 어떻게 지냈을까요? 비밀을 다른 사람도 알게 됐을까요?	유나는 비밀을 지켰고, 집요정이 가져다 준 쓸모 있는 물건들이 유나를 도와줘서 행복하게 산다.
② 유나는 할머니와 다시 만났을까요? 할머니는 어떻게 지내실까요?	할머니를 다시 만났지만 요정들이 할머니의 기억을 지워서 지금까지 집에서 있었던 일을 기억하지 못하셨다.

② 뒷이야기 상상하기

– 선택한 내용을 바탕으로 뒷이야기 적어 보기 (ON 띵커보드, 패들렛)

– 쓴 글 바꿔 읽어 보고, 친구 작품 피드백해 주기

*** 교과 연계**

– 4학년 1학기 국어 5단원. 내가 만든 이야기
(이야기의 흐름을 이해한 뒤 이어질 내용 상상해 쓰기,
자신이 상상한 이야기를 친구에게 들려주기)

❻ 「가장 귀한 눈물」 1차시: 내용 확인하기(읽기 중)

책의 마지막 이야기 「가장 귀한 눈물」의 첫 번째 활동입니다. 책을 읽으며 활동지의 질문을 하나씩 해결해 보고, 마지막에 함께 질문의 답을 알아보며 책의 내용을 확인합니다. 책의 내용을 묻는 질문뿐만 아니라 자신의 생각을 묻는 질문을 풀어 보며 책의 내용을 깊게 이해할 수 있습니다.

● 활동 방법

(1) 활동지의 질문 해결하며 책 읽기

책을 읽기 전 눈물을 흘려본 경험을 이야기해 봅니다. 제목 「가장 귀한 눈물」은 어떤 눈물일지 예상해 본 뒤 책 읽기를 시작합니다. 활동 방법은 「비밀의 무게」 1차시에서 소개한 것과 같습니다.

〈활동지 질문〉

① 배불뚝이 달이 뜬 어느 밤, 막 잠이 들려는 승모의 눈앞에 (　　　)이 나타났습니다.
"세상에서 가장 귀한 눈물을 나한테 주면, 네 소원 하나 들어줄게."
② 결국 가장 귀한 눈물을 흘린 사람은 누구였나요?
③ 왜 그 눈물이 가장 귀한 눈물이었을까요?

(2) 내용 확인하기

활동지의 질문을 풀고 난 뒤, 다 함께 질문에 대한 답을 확인합니다. 내용을 정확하게 파악할 수 있도록 학생들이 대답하기 어려워하는 질문은 책을 다시 보며 답을 할 수 있도록 합니다.

(3) 나의 경험 떠올려보기

나에게도 '할아버지' 같이 소중한 존재가 있는지 떠올려 적어 봅니다. 눈물에도 환희, 슬픔, 분노 등 다양한 의미가 있다는 것을 알고, 내가 생각하는 가장 귀한 눈물은 무엇인지 생각해서 적습니다. 다른 친구들과 이야기 나누며 경험을 공유합니다.

패들렛, 띵커보드 활용하기

에듀테크로 수업하는 경우에는 활동지의 질문 몇 가지를 선택해서 수업하는 것을 추천해요. 선택한 질문에 대한 답을 패들렛 또는 띵커보드에 적는 형태로 수업하면 됩니다.

● **활동 Tip**

① '읽기 중' 활동에 활동지를 활용하거나 학생들이 직접 질문을 만들고 답하며 책의 내용을 확인할 수 있습니다.

② [활동 3]의 나의 경험을 떠올려 적는 활동은 활동지가 아닌 학습 보드판을 활용해서 서로의 생각을 공유하는 것도 좋습니다.

「가장 귀한 눈물」 1차시

'내용 확인하기' 수업 한눈에 보기

● 활동 방법

① 활동지의 질문 해결하며 책 읽기

– 책을 읽기 전 눈물을 흘려본 경험 이야기하고, 제목 「가장 귀한 눈물」은 어떤 눈물일지 예상하기

– 모두 책을 가지고 있는 경우에는 책을 읽으며 활동지 풀기

– 교사가 책을 읽어주는 경우에는 내용을 들으며 활동지에 간단하게 메모 후, 추후에 활동지 완성하기 (ON 패들렛, 띵커보드)

② 내용 확인하기

– 다 함께 질문에 대한 답 확인하기

– 대답하기 어려워하는 질문은 책을 다시 보며 내용 파악하기

③ 나의 경험 떠올려보기

– 나에게 '할아버지'같이 소중한 존재는 누구인지 적기

– 내가 생각하는 가장 귀한 눈물은 무엇인지 생각해서 적기

● 활동 사진

학습보드판 활용 수업 사진

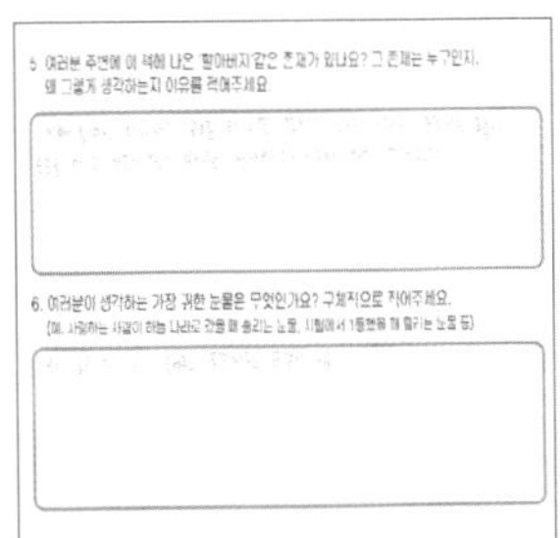

5. 여러분 주변에 이 책에 나온 '할아버지'같은 존재가 있나요? 그 존재는 누구인지, 왜 그렇게 생각하는지 이유를 적어주세요.

6. 여러분이 생각하는 가장 귀한 눈물은 무엇인가요? 구체적으로 적어주세요.
(예. 사랑하는 사람이 하늘 나라로 갔을 때 흘리는 눈물, 시합에서 1등했을 때 흘리는 눈물 등)

활동지 활용 수업 사진

❼ 『가장 귀한 눈물』 2~3차시: 나에게 귀중한 것(읽기 후)

나에게 귀중한 것은 무엇인지 생각하고, 이를 표현하는 활동입니다. 귀중하다는 것의 의미를 알아 보고, 내가 귀중하게 여기는 사람, 물건, 마음 등이 무엇인지를 마인드맵으로 정리합니다. 그중, 가장 귀중한 것을 그림으로 표현하며 학생들은 자신에 대한 이해도를 높일 수 있습니다.

● 활동 방법

(1) 나에게 귀중한 것 생각하기

인물 퀴즈를 통해 나에게 귀중한 사람에 대해 생각합니다. '귀중하다'의 사전적 의미를 알아 보고, 내가 귀하고 중요하게 여기는 것이 어떤 것인지를 이야기합니다.

(2) 마인드맵으로 나타내기

생각한 내용을 마인드맵으로 정리합니다. 나에게 귀중한 사람, 마음, 물건을 적어 보고 음식, 장소, 경험, 동물 등의 항목을 추가해서 나타내 봅니다. 이 활동을 통해 학생들은 자신이 어떤 것을 중요하게 생각하는지 생각해 보고 나 자신에 대해 이해할 수 있습니다.

(3) 나에게 가장 귀한 것 그림으로 표현하기

그린 마인드맵을 바탕으로 가장 귀한 웃음, 마음, 존재, 물건을 골라 그림으로 표현해 봅니다. 활동 후에 발표를 통해 서로의 생각을 공유해 친구에 대해 더 깊게 이해할 수 있는 기회를 제공합니다.

〈가장 귀한 것 표현 예시〉

가장 귀한 웃음	가장 귀한 마음
친한 친구들과 이야기할 때의 웃음	누군가를 좋아하는 마음
가장 귀한 존재	**가장 귀한 물건**
내게 없어서는 안 되는 가족	친구가 준 소중한 편지

패들렛, 띵커보드 활용하기

자신이 만든 작품을 패들렛 또는 띵커보드에 공유하거나 활동지 대신 패들렛, 띵커보드에 직접 적는 형태로 공유할 수 있어요!

● 활동 Tip

① 마인드맵을 작성할 때, 왜 그것이 귀중한지 이유도 함께 적어 보면 더 좋습니다.

② 나에게 가장 귀한 것을 그릴 때는 상황을 구체적으로 적어 보는 것이 좋습니다.

「가장 귀한 눈물」 2~3차시

'나에게 귀중한 것' 수업 한눈에 보기

● 활동 방법

① 나에게 귀중한 것 생각해보기

- 인물 퀴즈 풀기
- '귀중하다'의 사전적 의미 알아 보기
- 내가 귀하고 중요하게 여기는 것이 어떤 것인지 이야기하기

② 마인드맵으로 나타내기

- 나에게 소중한 인물, 물건, 마음 등을 생각해서 마인드맵으로 정리하기
- 음식, 장소, 경험, 동물 등의 항목 추가해서 나타내기

③ 나에게 가장 귀한 것 그림으로 표현하기

- 마인드맵을 바탕으로 나에게 가장 귀한 웃음, 마음, 존재, 물건을 골라 그림으로 나타내기 (ON 패들렛, 띵커벨)
- 친구들과 생각 공유하기

● 활동 사진

나에게 가장 귀한 것 활동 사진

나에게 가장 귀한 것 활동 사진

( )초등학교 ( )학년 ( )반 ( )번 이름: ( )

비밀의 무게 **나에게 귀중한 것**

● 나에게 귀중한 것을 마인드맵으로 표현하여 봅시다.

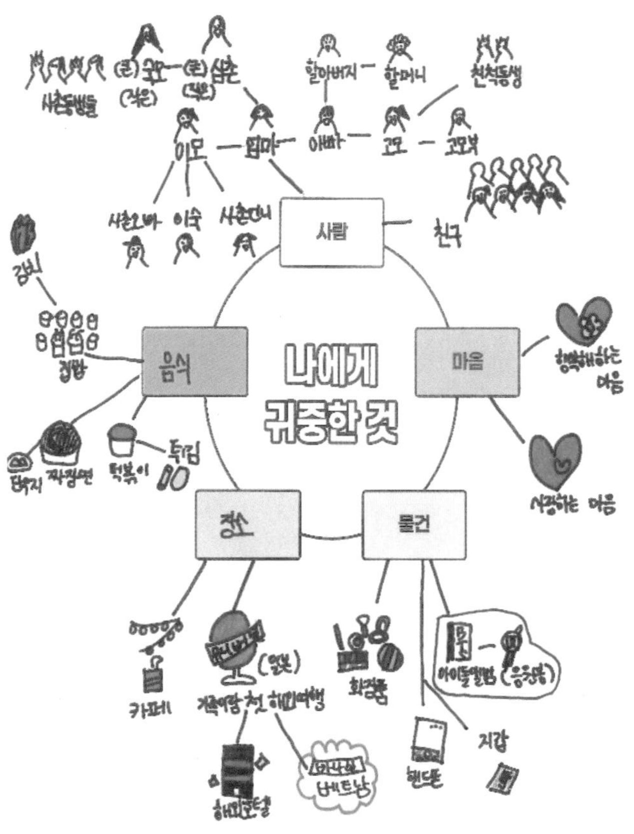

나에게 가장 귀한 것 활동 사진

2. 『걱정 세탁소』

『걱정 세탁소』(글 홍민정, 그림 김도아)를 활용한 8차시 분량의 수업 자료(활동지 및 PPT)는 '크랩 블로그'에서 내려받을 수 있습니다.

* 블로그 주소: https://crab.tistory.com/

"걱정을 잊을 수 있어서 좋았는데 너무 아쉽다. 하지만…… 괜찮아! 지금 나한테는 걱정하는 마음이 필요해."

『걱정 세탁소』의 주인공 재은이는 걱정이 많은 아이입니다. '시험은 어떡하지?', '할머니는 괜찮으실까?' 등의 걱정을 하던 재은이는 우연히 걱정 세탁소를 발견하게 됩니다. 그리고 걱정 세탁소에서 걱정을 세탁하게 됩니다. 그 이후 걱정이 사라진 재은이, 재은이에게는 어떤 일이 벌어질까요?

학생들은 저마다의 고민을 가지고 있습니다. 『걱정 세탁소』를 활용해 학생들과 서로의 걱정, 고민거리에 관해 이야기해 볼 수 있습니다. 함께 고민을 이야기하고, 힘이 되는 말을 주고받으며 학생-학생 간, 교사-학생 간의 긍정적인 유대관계를 형성할 수 있습니다. 그리고 걱정 세탁소가 어떤 곳일지 상상해보며 상상력을 키울 수 있습니다. 학생들이 걱정, 고민거리를 안고 힘들어하지 않고 서로에게 힘이 돼 줄 수 있기를 바라는 마음에서 이 책을 선정했습니다.

❶ 너의 걱정은? 1차시(읽기 전)

우리 반 친구들은 어떤 걱정을 하고 있는지 알아 보고 '걱정 그래프'를 만들어 봅니다. 그다음 책 제목, 책 표지, 다양한 질문들을 통해 책 내용을 상상해 봅니다. 책을 읽기 전, 책의 내용에 대해 상상해보는 활동을 통해 다음 차시에 진행할 책 읽기의 흥미를 높여줄 수 있습니다.

● 활동 방법

(1) 걱정 그래프 만들기

먼저, 학생들에게 어떤 걱정이 있는지 이야기를 나눠야 합니다. 그다음, 학생들이 이야기한 내용을 바탕으로 그래프에 들어갈 항목을 정합니다. (예: 친구, 가족, 공부 등) 항목을 정하고 나서 표로 우리 반 친구들의 걱정을 정리해 봅니다. 그리고 표를 바탕으로 그래프를 그려 봅니다.

그래프를 그린 뒤에는, 학생들과 완성된 그래프를 보며 이야기를 나눕니다. 우리 반 친구들이 어떤 걱정을 하고 있는지 이야기하며 학생들이 서로에 대해 이해할 수 있습니다.

* 교과 연계: 수학 교과의 그래프 그리기 수업과 연계 가능

(2) 책 내용 상상하기

책의 제목과 표지를 살펴 보며 책 내용을 상상하는 활동입니다. 다양한 질문을 통해 학생들이 책 내용을 상상할 수 있도록 지도할 수 있습니다.

〈질문 예시〉

1. 책 표지에서 어떤 것들이 보이나요?
2. 책 제목인 '걱정 세탁소'는 어떤 곳일까요?
3. 걱정을 어떻게 세탁할 수 있을까요?
4. 걱정을 세탁하고 난 뒤에는 어떤 일이 일어날까요?

멘티미터 활용하기

멘티미터의 ranking 템플릿을 활용해 그래프를 쉽게 만들 수 있어요!

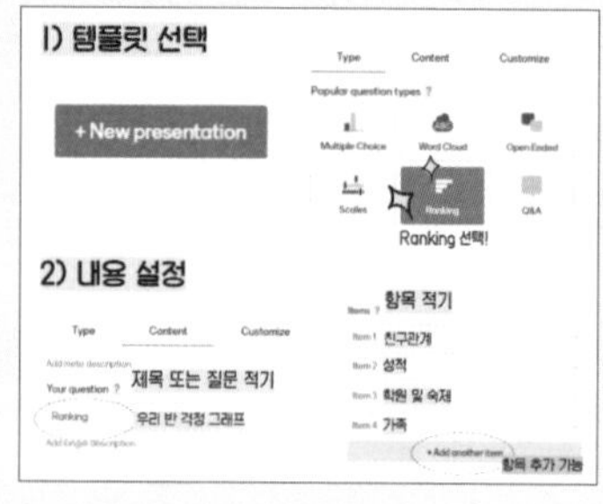

멘티미터 Ranking 설명 자료 (1)

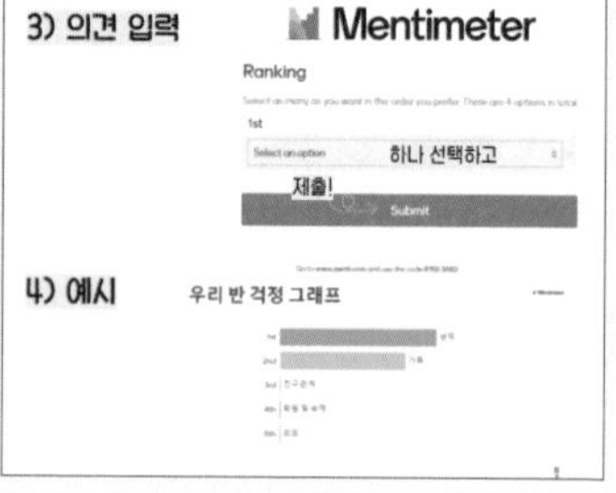

멘티미터 Ranking 설명 자료 (2)

● 활동 Tip

① '걱정 그래프'를 만드는 활동은 반 전체, 모둠 활동, 개인 활동 모두 가능합니다. 학급의 상황에 맞게 선택해 수업하면 됩니다.

② 활동 후 내가 상상했던 '걱정 세탁소'와 책 속의 '걱정 세탁소'를 비교해보며 책을 읽으면 좋습니다.

③ 각자의 걱정, 고민을 자세히 나누는 활동은 8차시에 준비돼 있으므로 간단하게 활동을 마무리하면 됩니다.

1차시
'너의 걱정은?' 수업 한눈에 보기

●활동 방법

① 걱정 그래프 만들기

- 그래프 항목 정하기(예: 공부, 친구, 가족 등)
- 정해진 항목에 맞게 학생들의 걱정을 조사해 그래프로 그리기 (ON 멘티미터)

---

* **교과 연계:** 수학 교과의 그래프 그리기 수업과 연계 가능

---

② 책 내용 상상하기

- 책 제목, 표지 살펴 보기
- 다양한 질문을 통해 책 내용 상상해보기

〈질문 예시〉

1. 책 표지에서 어떤 것들이 보이나요?
2. 책 제목인 '걱정 세탁소'는 어떤 곳일까요?
3. 걱정을 어떻게 세탁할 수 있을까요?
4. 걱정을 세탁하고 난 뒤에는 어떤 일이 일어날까요?

●활동 사진

걱정 그래프

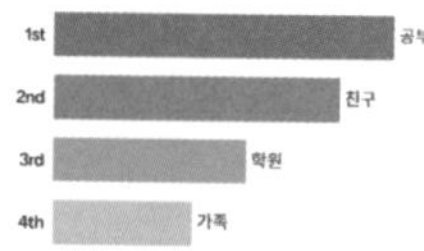

나에게 가장 귀한 것 활동 사진

❷ 2차시: 메모하며 읽기(읽기 중)

책을 읽으며 중요한 부분을 메모하며 읽는 활동입니다. 이 활동을 통해 학생들이 책을 꼼꼼하게 읽을 수 있도록 지도할 수 있습니다.

● 활동 방법

– 메모하며 읽기

『걱정 세탁소』는 총 6개의 목차로 구성돼 있습니다. 책을 읽을 때 하나의 목차 부분을 읽고 난 뒤, 활동지에 읽은 내용을 정리합니다. 3, 4학년 수준을 고려해 빈칸 채우기 등의 쉬운 방법을 활용하는 것이 좋습니다. 해당 목차의 내용을 한두 문장으로 요약하고, 제시된 문장의 빈칸을 채우면 됩니다.

*** 교과 연계**

– 3학년 1학기 국어 5단원. 중요한 내용을 적어요.
(내용을 간추리며 듣기, 글을 읽고 내용을 간추리는 방법 알기)

패들렛, 띵커보드 활용하기

실시간으로 책의 내용을 확인하고 메모하면서 읽고 싶다면 패들렛을 활용해보세요! 패들렛을 통해 다른 친구들의 생각을 공유할 수 있어요.

● 활동 Tip

① 걱정 세탁소를 수업 시간에 같이 읽는 경우에는 각 목차 읽기가 끝날 때마다 쓸 시간을 주는 형태로 수업하면 됩니다.

② 개별로 책을 읽을 때는 독서수업 시간 또는 아침 시간을 활용해 각자 적은 뒤 함께 정답을 확인해보는 형태로 진행하면 좋습니다.

2차시

'메모하며 읽기' 수업 한눈에 보기

● 활동 방법

– 『걱정 세탁소』의 각 목차별로 책을 읽고 내용 요약해 적기, 문장 빈칸 채우기 활동하기

● 활동지

( )초등학교 ( )학년 ( )반 ( )번 이름: ( )

걱정 세탁소 **메모하며 읽기 (1)**

* 책 내용을 정리하며 읽어봅시다.

● 꼬리에 꼬리를 무는 걱정 (4~11쪽)

- **책 내용**: 재은이는 '지각하면 어쩌지?' 등의 (ㄱ ㅈ)을 많이 하는 아이다.

- **문장**
새 학기가 시작되고 일주일이 지난 월요일 5교시 수업이 끝날 무렵에
선생님이 교실을 빙 둘러보며 말했어요.
"내일 모레 ( ) 있는 거 다들 알고 있죠?" - 책 10쪽

● 걱정을 세탁한다고? (12~23쪽)

- **책 내용**:

- **문장**
손을 움직여 화면 가운데에 뜬 시작 버튼을 누르자, '1시간, 12시간, 30일'이라고 적힌 버튼이 나타났어요. 재은이는 '( )시간' 버튼을 선택했어요.
"( ) 시간 ( )을 시작합니다." - 책 16쪽

● 걱정 없는 하루 (24~31쪽)

- **책 내용**: 재은이는 걱정 세탁소에서 ( )일 버튼을 눌렀고, 걱정이 사라졌다.
시험 공부를 하지 않고, 싫어하는 미역 줄기도 많이 받아왔지만, 전혀 (ㄱ ㅈ)하지 않았어요.
- **문장**
"에이, 놀리는 거 아니야. 다 배운 데서 보는 건데 뭐가 ( )이니? 그냥 자신감을 갖고 봐. 시험 좀 못 보면 또 어때? 공부가 전부는 아니잖아." - 책 27쪽

메모하며 읽기 활동지

❸ 3차시: 내용 확인하기(읽기 후)

『걱정 세탁소』에서 학생들이 꼭 기억해야 할 내용은 '왜 재은이가 걱정 세탁기를 사용했는지', '걱정 세탁기 사용을 중지한 이유는 무엇인지'입니다. 이를 바탕으로 한 내용들을 중점적으로 확인하면 책의 내용을 이해하는 데 많은 도움이 될 수 있습니다.

● 활동 방법

(1) 퀴즈 만들기

학생들이 직접 문제를 만들어 봅니다. '재은이는 왜 걱정 세탁기 사용을 멈추었나요?'와 같은 질문들을 만들면 됩니다. 그리고 학생들에게 A4를 나눠주고 4등분을 합니다. 총 4개의 질문을 만들어 하나씩 4등분 한 종이의 앞면에 적고 뒷면에는 답을 적습니다. ('질문 만들기'에 대한 자세한 설명은 34쪽을 참고하세요.)

(2) 퀴즈 풀기

준비가 끝나면 주어진 시간 동안(대략 5~10분) 돌아다니며 친구들과 서로 질문하고 답하는 활동을 진행하면 됩니다. 친구가 내 문제의 정답을 맞히면 문제 카드를 친구에게 주고 맞히지 못하면 카드를 주지 않습니다. 다음에는 내가 친구의 문제를 맞힙니다. 활동이 모두 끝나면 내가 가지고 있는 카드가 몇 개인지 확인하고 가장 많은 카드를 가지고 있는 학생이 1등이 됩니다.

카훗, 띵커벨 활용하기

카훗으로 재밌게 책의 내용을 확인해 보세요!
카훗은 빨리 맞추면 점수가 더 올라가기 때문에 학생들의 집중력을 높일 수 있어요. 하지만 너무 점수에 집착한다면 '내용 확인'이라는 원래의 취지를 벗어날 수 있기 때문에 반드시 게임 전 학생들에게 점수보다 내용 확인이 중요하다는 것을 인지시켜 줘야 해요.

● 활동 Tip

① 퀴즈를 만들 때 이야기의 구성 요소(인물, 사건, 배경), 인물의 말과 행동, 중요한 사건과 관련된 질문을 만들도록 지도합니다. (자세한 설명은 34쪽 참고)

② 카훗을 활용해 수업할 때 모둠 형태로 진행하는 경우 정답을 누르는 역할을 돌아가면서 할 수 있도록 안내합니다.

③ 크랩이 준비한 PPT를 활용해 골든벨 형태로 수업할 수도 있습니다.

④ 학생들이 만든 질문으로 활동을 먼저 하고, 그중 잘 만든 문제를 포함해 카훗 문제를 푸는 방법을 활용해도 좋습니다.

3차시

'내용 확인하기' 수업 한눈에 보기

● 활동 방법

① 퀴즈 만들기

- 학생들이 직접 문제 만들어 보기(질문 4개 만들기)
- A4를 4등분해 앞면에는 질문, 뒷면에는 정답 적기
- 질문 만들기

② 퀴즈 풀기

- 친구에게 문제를 내서 맞추면 문제 카드를 주고 틀리면 주지 않기
- 그다음 내가 친구의 문제를 맞히기
- 활동(5~10분)이 끝나고 카드를 가장 많이 가지고 있는 학생이 승리
- 카훗이나 띵커벨로 퀴즈를 푼다면 점수가 가장 높은 팀이 승리
  (ON 카훗, 띵커벨)

● 활동 사진

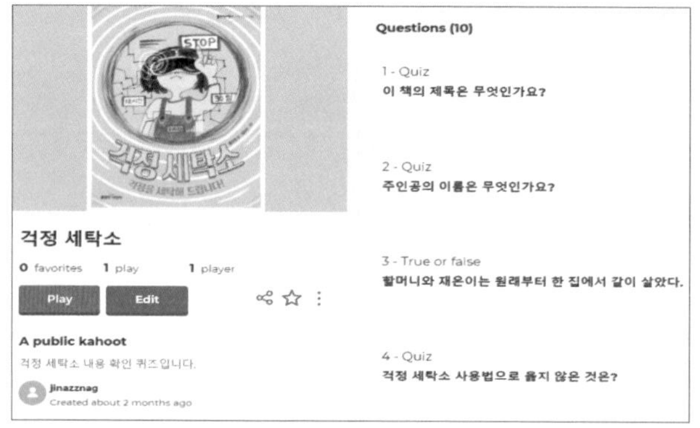

걱정 세탁소 내용 확인하기 – 카훗

❹ 4차시: 명장면&명대사(읽기 후)

이번 차시는 책을 읽고 인상 깊었던 장면과 대사를 적는 활동으로 구성했습니다. 이 활동을 통해 책의 내용을 다시 떠올려 볼 수 있고, 인상 깊은 장면을 상상해 그리면서 상상력을 키울 수 있습니다.

● 활동 방법

(1) 명장면&명대사 찾기

2차시 활동지를 살펴 보며 정리했던 내용을 다시 읽어 봅니다. 책의 내용을 떠올려보며 어떤 장면들이 있었는지 이야기 나눕니다. 그다음, 인상 깊었던 장면과 대사를 선택합니다.

(2) 명장면&명대사 표현하기

인상 깊은 장면(명장면)을 선택한 후에는 그 장면을 그림으로 표현합니다. 이때, 책의 삽화를 따라 그리는 것이 아니라 상상해서 그릴 수 있도록 안내해야 합니다. 책의 내용을 바탕으로 자신의 상상력을 더해 하나의 장면을 완성해 표현하면 됩니다. 그다음, 인상 깊은 대사(명대사)를 적습니다. 이때, 명대사는 자신이 그린 명장면과 관련된 대사여도 되고, 다른 상황에서 나온 대사여도 됩니다. 명대사를 적고 그 명대사가 인상 깊은 이유를 적으면 됩니다. 이유는 단순히 재밌어서가 아니라 자신의 경험, 가치관 등과 관련지어 적을 수 있도록 지도해야 합니다.

<〈활동 예시〉

명장면	재은이가 걱정 세탁소의 STOP버튼을 누르는 장면
명대사	"괜찮아! 지금 나에게는 걱정하는 마음이 필요해!"

*** 교과 연계**
- 4학년 2학기 국어 9단원. 감동을 나누며 읽어요
 (생각이나 느낌을 시와 그림으로 표현해 전시하기)

패들렛, 띵커보드 활용하기

패들렛이나 띵커보드를 활용해 작품을 공유할 수 있어요!
간단하게 진행할 경우, 패들렛이나 띵커보드에 명대사, 명장면을 글로 적는 형태로 진행할 수 있습니다. 활동지를 활용하는 경우, 각자 활동지를 완성하고 사진을 찍어 첨부하는 형태로 수업하면 됩니다.

● 활동 Tip

– 명장면을 그리는 활동은 1차시 이내에 끝나지 않을 수 있습니다. 이 경우 한 차시를 추가해 연차시로 운영할 수도 있고, 색칠을 하지 않고 연필로 간단하게 그리는 활동으로 진행할 수도 있습니다. 또는 각자의 명장면을 적어 보는 형태로 간단하게 수업할 수도 있습니다. 학급의 상황에 맞게 진행하면 됩니다.

4차시

'명장면&명대사' 수업 한눈에 보기

● 활동 방법

① 명장면&명대사 찾기

- 2차시에 메모한 내용 읽으며 책 내용, 장면 떠올리기
- 명장면, 명대사 선택하기

② 명장면&명대사 표현하기

- 명장면 그림으로 표현하기 (ON 패들렛, 띵커보드)
- 삽화를 따라 그리지 않고 상상해서 그리기
- 명대사를 적고 왜 그 명대사를 선택했는지 적기 (ON 패들렛, 띵커보드)

*** 교과 연계**

- 4학년 2학기 국어 9단원. 감동을 나누며 읽어요
  (생각이나 느낌을 시와 그림으로 표현해 전시하기)

● 활동 사진

명장면 그리기 (1)

명장면 그리기 (2)

명장면 그리기 (3)

❺ 5차시: 가사 바꾸기 (읽기 후)

3, 4학년 학생들이 좋아할 만한 노래를 활용하는 수업입니다. 학생들이 좋아하는 노래를 활용하기 때문에, 학생들이 흥미롭게 조금이나마 걱정을 덜어낼 수 있는 수업을 진행할 수 있습니다.

● 활동 방법

(1) 가사 바꾸기

먼저, 요즘 내 걱정거리에 대해 이야기를 해 봅니다. 그리고 음악시간에 배운 노래 또는 학생들이 좋아하는 노래 중 이번 활동에 활용할 노래를 선정합니다. 그 다음, 노래에서 바꿀 부분을 정한 뒤, 해당 부분을 자신의 걱정거리를 덜어낼 수 있는 긍정적인 표현의 가사로 바꾸어 봅니다.

(가사 바꾸기에 대한 자세한 예시는 블로그의 학습지를 참고해보세요.)

(2) 노래 불러보기

친구들이 바꾼 가사에 맞게 함께 노래를 불러 보는 활동을 진행합니다. 노래 하나로 모든 걱정거리를 해결할 수는 없겠지만 학생들이 조금이나마 후련해질 수 있도록 편한 분위기에서 수업을 진행하는 것이 좋습니다.

멘티미터, 패들렛 활용하기

멘티미터로 고민 공유, 패들렛(띵커보드도 가능)으로 가사 공유하기!
멘티미터 'Word cloud'를 활용해 학생들의 고민을 한눈에 볼 수 있어요.
또, 패들렛의 '담벼락'이나, '그리드'를 활용해 바꾼 가사를 공유하면 함께 노래를 불러볼 때 가사를 따로 보여주지 않아도 돼서 편하게 수업할 수 있어요.

● 활동 Tip

– 학생들이 독후 활동에 흥미를 느낄 수 있도록 구성한 차시입니다. 학생들이 흥미를 느낄 수 있도록 최대한 허용적인 분위기로 수업을 진행하시면 좋을 것 같습니다.

5차시

'가사 바꾸기' 수업 한눈에 보기

● 활동 방법

① 가사 바꾸기

- 나의 걱정거리에 대해 이야기하기 (ON 멘티미터)
- 음악 시간에 배운 노래 또는 학생들이 좋아하는 노래 선정하기
- 노래에서 바꿀 부분을 정한 뒤 나의 걱정을 덜어낼 수 있는 긍정적인 표현을 사용하여 가사 바꾸기

② 노래 불러보기

- 바꾼 가사로 함께 노래 부르기 (ON 패들렛)
- 나의 걱정거리를 긍정적으로 바라보기

❻ 6차시: 책 추천하기(읽기 후)

이번 수업은 나의 주변 사람 중 걱정이 많은 사람을 찾아 보고 그 사람에게 '걱정 세탁소'를 추천하는 활동으로 구성했습니다. 주변 사람에게 자신이 직접 쓴 '책 추천 글'을 전달하는 활동을 추가해 독서 활동과 실생활을 연계한 수업으로도 진행할 수 있습니다.

● 활동 방법

(1) 걱정 대마왕은 누구?

먼저, 내 주변에서 걱정이 많은 사람을 찾아보며 글을 쓸 대상을 선정해야 합니다. '걱정 세탁소' 책을 소개해 주면서 걱정이 꼭 나쁜 것만은 아니라는 것을 알려주며, 긍정적인 메시지를 전달하고 싶은 사람으로 대상을 선정하면 됩니다.

(2) 책 추천하기

책의 줄거리, 인상 깊은 사건이나 장면, 책의 주제 등을 담아 책을 추천하는 글을 쓰는 활동입니다. 글을 쓰기 전, 표에 자신의 생각을 정리해보고 그 후에 글을 쓰도록 지도하는 것이 좋습니다.

〈글에 포함할 내용 예시〉

①줄거리 ②인상 깊은 사건이나 장면 ③책의 주제 ④책을 추천하는 이유

이렇게 준비를 하고 글을 쓰면 전하려는 내용이 잘 담긴 글을 완성할 수 있습니다. 학년 또는 학생들의 수준을 고려해 포함할 내용을 수정하거나 추가해 수업을 진행하셔도 됩니다.

*** 교과 연계**
– 3학년 1학기 국어 5단원. 중요한 내용을 적어요 (책 소개하기)

패들렛, 띵커보드 활용하기

패들렛, 띵커보드로 자신이 쓴 글을 공유할 수 있어요!
패들렛의 '담벼락'이나 '그리드' 또는 띵커보드를 활용해 수업해보세요.
서로의 작품을 바로바로 볼 수 있고, 좋아요나 댓글 기능을 활용해 서로를 칭찬할 수도 있어요.

● 활동 Tip

– 수업 후 실제로 그 대상에게 그 글을 전달하는 활동까지 진행하면 더욱 의미 있는 수업을 할 수 있습니다.

6차시

'책 추천하기' 수업 한눈에 보기

● 활동 방법

① 걱정 대마왕은 누구?

– 걱정이 많은 사람을 찾아 소개하는 글을 쓸 대상 선정하기

② 책 추천하기

– 책의 줄거리, 인상 깊은 장면, 주제 등을 정리해 글을 쓸 준비하기

– 추천하는 글쓰기 (ON 패들렛 또는 띵커보드)

*** 교과 연계**

– 3학년 1학기 국어 5단원. 중요한 내용을 적어요 (책 소개하기)

● 활동 사진

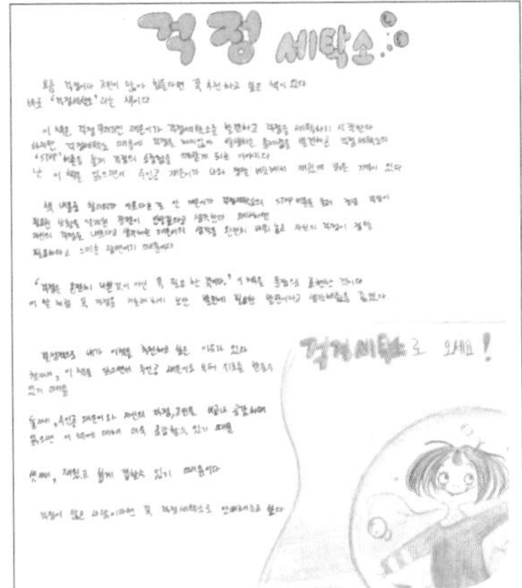

책 추천하기 활동 사진

❼ 7차시: 걱정 마니또(읽기 후)

서로의 걱정을 들어 보고 해결 방법, 위로 등을 주고받는 활동입니다. 이 활동을 통해 서로의 걱정에 대한 공감, 이해를 바탕으로 학생-학생 간, 교사-학생 간의 끈끈한 유대관계를 형성할 수 있습니다.

● 활동 방법

(1) 나의 걱정 털어 놓기

나에게 도움이 되는 걱정과 도움이 되지 않는 걱정을 적어 봅니다. 그다음 내가 정말 해결하고 싶고, 털어놓고 싶은 걱정을 하나 선택해 쪽지에 적습니다. 자신의 걱정과 걱정이 되는 이유, 해결하고 싶은 이유 등을 적으면 됩니다. 이때, 이름을 적지 않도록 하면 훨씬 더 솔직한 걱정들을 적을 수 있습니다. 학급에 상황에 맞게 선택해 수업을 진행하시면 됩니다.

(2) 걱정 마니또

걱정 적기가 끝나면 적은 걱정들을 한곳에 모은 다음, 잘 섞어 학생들에게 임의로 하나씩 나눠 줍니다. 그리고 난 뒤, 자신이 받은 걱정을 읽어 보고 그에 대한 답장을 써주는 활동을 진행합니다.

익명으로 작성하기로 한 경우에는 교실 한 곳에 고민과 답장을 전시해 학생들이 읽을 수 있도록 하거나 선생님 또는 몇몇 학생들이 읽어주는 형태로 진행하면 됩니다. 걱정을 쓴 사람의 이름을 밝힌 경우에는 답장을 해당 학생에게 전달해 주는 형태로 진행하면 됩니다.

〈걱정 마니또 예시〉

걱정	이번에 새로운 영어 학원을 다니게 됐는데 이미 다니고 있는 학원의 개수가 너무 많아서 영어 학원까지 다니는 것이 너무 힘들어요.
답장	부모님에게 솔직하게 이야기를 해보는 것이 어떨까요? 새로운 영어 학원을 다니기 힘들 것 같다 또는 영어 학원을 다니는 대신 이미 다니고 있는 학원 중 하나를 그만 다니고 싶다 등등 솔직한 생각을 부모님께 이야기해 보세요.

패들렛, 띵커보드 활용하기

패들렛, 띵커보드로 '고민 적기 – 답장 쓰기'를 한 번에!
패들렛의 '담벼락'이나 '그리드', 띵커보드를 활용해 수업을 진행해 보세요. 걱정을 쓴 글에 댓글을 쓰는 형태로 답장을 바로 쓸 수 있습니다. 이 방법으로 진행하면 하나의 걱정에 여러 개의 답장을 쓸 수도 있어요!

● 활동 Tip

① 학급의 상황에 맞게 익명으로 적기, 이름 적기 방법 중 하나를 선택해 진행하면 됩니다.

② 장난스럽게 글을 쓰거나, 상대에게 상처가 될 수 있는 글을 쓰지 않도록 사전 교육을 꼭 진행해 주세요.

7차시

'걱정 마니또' 수업 한눈에 보기

●활동 방법

① 나의 걱정 털어놓기

- 나에게 도움이 되는 걱정, 도움이 되지 않는 걱정 찾아 보기
- 나의 걱정, 걱정이 되는 이유, 해결하고 싶은 이유 등 적기

② 걱정 마니또

- 걱정을 쓴 글들을 모아 섞고 무작위로 학생들에게 나눠 주기
- 자신이 받은 글에 답장 써주기 (ON 패들렛 또는 띵커보드)

●활동 사진

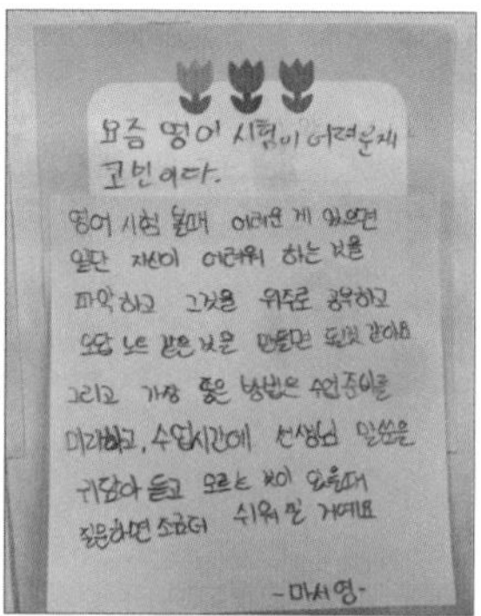

걱정 마니또 활동 사진

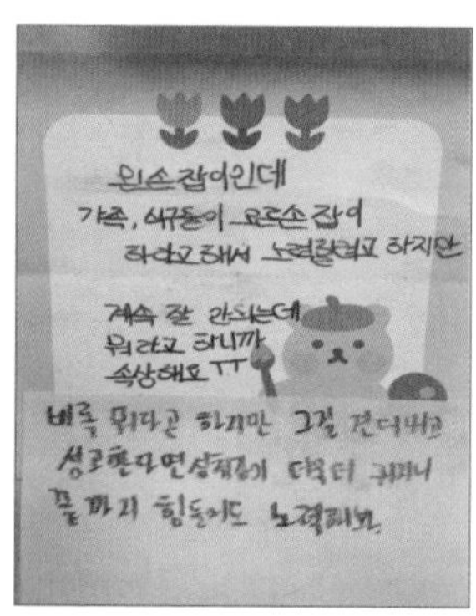

걱정 마니또 활동 사진

❽ 8차시: 내가 만드는 세탁소(읽기 후)

내가 만들어 보고 싶은 세탁소를 만들어 보는 활동입니다. 이 활동을 통해 학생들이 없었으면 좋겠다고 생각하는 것에 대해 알 수 있고 상상력을 기를 수도 있습니다.

● 활동 방법

(1) 준비하기

자신이 세탁하고 싶은 것('싫어하는 것' 또는 '없었으면 좋겠다'고 생각하는 것)을 정해야 합니다. 그리고 세탁소의 기능, 버튼 등을 생각해 본 뒤 정리합니다.

〈활동지 및 예시 답변〉

내가 세탁하고 싶은 것	슬픔
00세탁소의 기능	슬픈 일을 잊게 해준다.
00세탁소에 필요한 버튼	슬픔 잊기 버튼, 슬픔 되돌리기 버튼
00세탁소 효과	사람들이 슬픈 일이 있을 때 슬픔 세탁소로 와서 슬픔 잊기 버튼을 누르면 슬픈 일을 잊고 다시 행복해진다.

나만의 세탁소 활동지

(2) 나만의 세탁소 만들기

정리한 내용을 바탕으로 나만의 세탁소를 만들면 됩니다. 세탁소 내부 모습을 그리거나 세탁기와 세탁기 사용 설명서를 그릴 수 있게 지도하면 됩니다. 작품을 완성한 뒤에는 서로의 작품을 공유하는 시간을 갖는 것도 좋습니다.

패들렛, 띵커보드 활용하기

패들렛(담벼락, 그리드), 띵커보드로 서로의 작품을 공유해보세요! 패들렛, 띵커보드를 통해 서로의 작품에 댓글, 좋아요를 누르며 소통할 수 있습니다.

8차시
‘내가 만드는 세탁소’ 수업 한눈에 보기

●활동 방법

① 준비하기

– 자신이 세탁하고 싶은 것(‘싫어하는 것’ 또는 ‘없었으면 좋겠다’고 생각하는 것) 정하기

② 나만의 세탁소 만들기

– 정리한 내용을 바탕으로 나만의 세탁소 만들기

– 세탁소 내부 모습 그리거나 세탁기와 세탁기 사용설명서 그리기

– 서로의 작품 공유하기 (ON 패들렛)

●활동 사진

1. 준비하기

● 내가 만들 세탁소에 대해 정리해 봅시다

내가 세탁하고 싶은 것	[illegible]
OO세탁소의 기능	[illegible]
OO세탁소에 필요한 버튼	[illegible]
OO세탁소 효과	[illegible]

2. 나만의 세탁소 만들기

● 위에서 적은 내용을 바탕으로 걱정 세탁소를 만들어보세요.

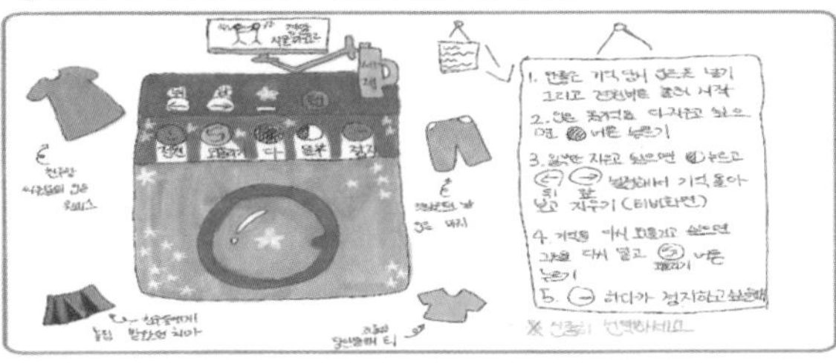

나만의 세탁소 활동 사진

3.『어느 날 구두에게 생긴 일』

『어느 날 구두에게 생긴 일』(글 황선미, 그림 신지수)도서를 활용한 8차시 분량의 수업 자료(활동지 및 PPT)는 '크랩 블로그'에서 내려받을 수 있습니다.

* 블로그 주소: https://crab.tistory.com/

"나처럼, 너도 그랬니? 쪼끔이라도……."

"……."

"나처럼 마음이 아팠냐고."

『어느 날 구두에게 생긴 일』에 등장하는 주경이는 혜수에게 늘 괴롭힘을 당합니다. 어느 날 혜수가 주경이에게 이제 막 전학 온 명인이의 구두를 버리라고 합니다. 혜수의 부탁을 거절하기 힘든 주경이는 결국 구두를 버리게 되고, 죄책감과 미안함으로 힘들어하게 됩니다. 주경이는 이 상황을 앞으로 어떻게 극복해 나갈까요?

이 책에는 괴롭힘으로 인한 힘든 상황 속에서, 그것을 극복해가려는 아이들의 이야기가 담겨 있습니다. 책의 내용, 여러 인물 간의 관계 변화, 갈등의 전개 양상 등이 이해하기 쉽게 잘 드러나 있습니다. 또한, 학교 폭력을 당하는 인물, 학교 폭력을 당했지만 자신도 학교 폭력에 가담하게 되는 인물 등 책 속에 등장하는 다양한 인물의 마음을 살펴 보며, 학생들과 다양한 진솔한 이야기를 나눌 수도 있습니다. 학교 폭력이라는 큰 주제의 틀 속에서 우정이라는 가치가 관통하고 있는 이 책을 통해, 서로를 배려하고 존중하는 아름다운 마음이 학생들에게 정착될 수 있기를 바라는 마음에 이 책을 선정하게 됐습니다.

❶ 1차시: 책 퍼즐로 상상하기(읽기 전)

책을 읽기 전, 책의 일부 내용이 담긴 퍼즐과 책에 등장하는 삽화를 연결해보며 책 내용을 상상해보는 활동입니다. 연결한 퍼즐을 토대로 상상한 내용을 2~3줄로 적어 봅니다. 학생들은 이 활동으로 책 내용을 더욱 궁금해하며, 추후 『어느 날 구두에게 생긴 일』을 활용한 다양한 활동에도 높은 동기로 참여할 것입니다.

● 활동 방법

(1) 책 표지 살펴 보기

책을 처음 볼 때, 가장 먼저 만나게 되는 것은 무엇일까요? 책의 표지입니다. 책의 표지는 책을 보게 될 때 가장 먼저 시선이 머무는 곳입니다. 따라서 먼저, 학생들에게도 책의 제목을 제시하고, 책의 내용이 무엇일지 이야기를 나눕니다. 학생들은 책의 제목만 보고 아래의 예시처럼 대답할 것입니다.

〈책의 제목만 보고 책의 내용을 예측하기 예시〉

'구두가 갑자기 살아나서 벌어지는 내용이 있을 것 같다.'
'구두가 갑자기 여행을 떠나면서 벌어지는 일들이 있을 것 같다.'

이번에는 책 제목과 표지의 삽화를 함께 보며 이야기를 나눠 봅니다. 학생들은 제목만 보고 책의 내용을 예측했을 때와는 다르게 아래의 예시처럼 더 발전된 의견을 이야기할 것입니다.

〈책의 제목과 표지의 삽화를 함께 보고 책의 내용을 예측하기〉

'새로운 학기가 돼 새 구두를 신었는데, 비가 와서 새 구두를 망치게 돼 버리게 되는 이야기인 것 같다.'
'구두가 갑자기 말을 하게 돼, 주인공이 무서워서 버리는 이야기 같다.'

이 활동에서는 학생들이 상상한 내용이 책 내용과 비슷하거나 똑같은지에 대한 여부보다는 자신이 상상한 이야기를 다른 사람과 공유할 때, 표지의 어떠한 점을 보고 그렇게 상상하게 됐는지 의견과 근거를 들어 이야기할 수 있도록 지도하는 것에 중점을 두면 좋습니다.

*** 교과 연계**
– 4학년 1학기 국어 4단원. 일에 대한 의견 (사실에 대한 의견 말하기)

(2) 책 삽화 살펴 보기

책에 나오는 5개의 삽화를 보고, 학생들과 이야기를 나누는 과정에서 학생들의 상상력을 확장할 수 있는 활동입니다. 5개의 삽화를 하나씩 살펴봅니다. 삽화에 등장하는 여러 사물의 배치, 인물들이 서 있는 위치와 삽화의 무대가 되는 배경에 관해 이야기해 봅니다. 등장하는 인물의 표정, 몸짓, 말투에 대해서도 관찰하며, 인물들이 어떠한 상황에 처해 있는지 충분히 이야기 나누어 봅니다.

*** 교과 연계**
- 4학년 1학기 국어 3단원. 느낌을 살려 말해요
  (상황에 알맞은 표정, 몸짓, 말투의 효과 알기)

(3) 책 퍼즐 연결하기

책 속의 삽화와 관련 있는 책 속의 몇 가지 내용을 발췌해 '책 퍼즐'을 만들었습니다. 삽화와 책의 일부 내용이 담긴 책 퍼즐을 연결하는 활동을 통해 학생들이 책 내용을 예상하며, 책 읽기의 즐거움

〈책 퍼즐 예시〉

"나처럼 마음이 아팠냐고." "미안해." 기어드는 소리로 나는 그 말만 했다. 명인이 얼굴은 차마 보지 못했다.	
허둥지둥 달려가다 나는 멈칫 서 버렸다. 몇 걸음 앞서 가던 애가 돌아보았기 때문이다. 내가 무슨 짓을 했는 지 아는 것 같은 표정.	
"주경아, 명인이랑 자매처럼 지내야 한다. 걔가 요즘 구두땜에 좀 시무룩해. 엄마 선물이라 더 그런단다."	
미진이가 손가락으로 창 아래를 가리켰다. "우리가 먼저 내려가 있을게." 구두를 창밖으로 던지라는 뜻이었다.	
마지막 연습을 위해 우리는 무대의상을 갖춰 입고 음악실에 모였다. 위아래 하얀색 옷에다 각기 다른 색깔과 무늬의 장화. 우영이 말대로 장화 팀처럼 보이는 무대의상이기는 했다. 어쨌든 우리는 잘 어울리는 멋진 장화 네 박자였다.	

책 퍼즐 예시 사진

을 느낄 수 있도록 했습니다. 학생들은 자신 나름대로, 연결했던 책 퍼즐을 토대로 이야기를 풍부하게 상상할 수 있습니다.

(4) 책 내용 상상하기

연결했던 책 조각의 흐름을 뼈대로 삼아, 학생들은 자신이 상상한 이야기로 살을 붙입니다. 상상한 이야기는 3~4줄 정도로 간단하게 표현해보도록 합니다.

이야기를 모두 작성하고 나면, 친구들과 자신의 이야기를 공유하며 자신이 상상한 이야기와 다른 친구들이 상상한 이야기의 공통점과 차이점을 비교할 수 있도록 합니다. 이 과정에서 모든 학생이 똑같은 내용을 보고 이야기를 상상했지만, 학생마다 이야기의 방향과 내용이 다르다는 것을 이해할 수 있습니다.

*** 교과 연계**
- 4학년 1학기 국어 1단원. 생각과 느낌을 나누어요
  (이야기를 읽고 생각이나 느낌 나누기)
- 4학년 1학기 국어 5단원. 내가 만든 이야기
  (자신이 상상한 이야기를 친구들에게 들려주기)

패들렛, 띵커보드 활용하기

패들렛의 '담벼락'과 띵커보드 '타일형'을 활용해 책 내용을 상상해 적는 활동을 할 수 있어요.

● 활동 Tip

① 추후 '읽기 중' 활동에서 학생이 상상한 내용과 실제 책의 내용이 어떤 점이 다른지 생각하면서 읽도록 하면 책 읽기의 흥미를 높일 수 있습니다.

② 책 퍼즐이 등장하는 곳을 표시하면서 읽으면, 학생들이 책의 내용을 파악하는데 도움이 될 수 있습니다.

1차시
'책퍼즐로 상상하기' 수업 한눈에 보기

● 활동 방법

① 책 표지 살펴 보기

- 학생들에게 책을 소개하고, 책 제목만 보고 내용 상상하기
- 책 제목과 표지를 보며, 간단하게 책의 내용을 상상하기

*** 교과 연계**
- 4학년 1학기 국어 4단원. 일에 대한 의견 (사실에 대한 의견 말하기)

② 책 삽화 살펴 보기

- 책 삽화를 살펴 보며, 어떤 장면일지 이야기하기 (사물의 배치, 인물의 위치, 배경, 인물의 표정, 몸짓 등을 살펴 보며 자세히 관찰하기)

*** 교과 연계**
- 4학년 1학기 국어 3단원. 느낌을 살려 말해요 (상황에 알맞은 표정, 몸짓, 말투의 효과 알기)

③ 책 퍼즐 연결하기

- 책 삽화와 책 퍼즐을 연결하며, 책 내용을 상상하기

④ 책 내용 상상하기

- 책 내용을 상상하며 3~4줄로 간단하게 써보기 (ON 패들렛, 띵커보드)
- 서로의 글 읽어 보기

*** 교과 연계**

- 4학년 1학기 국어 1단원. 생각과 느낌을 나누어요
  (이야기를 읽고 생각이나 느낌 나누기)
- 4학년 1학기 국어 5단원. 내가 만든 이야기
  (자신이 상상한 이야기를 친구들에게 들려주기)

● 활동 사진

2. 책 내용 상상하기

● 삽화와 책조각을 참고하여 책의 내용을 상상해서 써봅시다.

오늘은 마지막 연습이다. 친구들과 무대의상을 맞춰 입었다.
미련이가 손가락으로 창아래를 가리켰다. 구두를 떨어
트리라는 뜻이였다. 허둥지둥 달려가다 걸음이 꼬였다.
앞장은 서서 가련이가 멈춰서서 뒤를 돌아 봤기 때문이다.
무언가를 아는것처럼.... 주경이는 엄마를 잃은 명인이
가 안쓰러웠다. 구두는 엄마가 주신 선물인데 던져버린 것
이다. 주경이는 안쓰러워 차마 명인이의 얼굴을 보지 못했다
그래서 주경이는 명인이의 자매처럼 지내주기로 하였다.
그래서 주경이와 명인이는 자매처럼 사이좋게지내고, 엄마도
하늘에서 항상 주경이와 명인이를 지켜보고, 웃어준다.
그래서 그들은 좋은 시간을 보낸다. 그리고 구두도
다시 되찾았다고한다. 그리고 오래오래 행복하게
살았다고 한다.

책 내용 상상하기 활동 사진

❷ 2차시: 내용 확인하기(읽기 후)

『어느 날 구두에게 생긴 일』에서 학생들이 꼭 기억해야 할 내용은 '왜 주경이가 명인이의 구두를 버렸는지', '피해자에서 가해자가 된 주경이의 마음은 어땠는지', '주경이는 이 일을 어떻게 해결했는지' 입니다. 이를 바탕으로 한 내용과 관련된 내용들을 중점적으로 확인하면 책의 내용을 이해하는 데 많은 도움이 될 수 있습니다.

● 활동 방법

(1) 퀴즈 만들기

학생들이 직접 문제를 만들어 봅니다. '혜수에게 새롭게 왕따를 당하게 된 아이는 누구인가요?'와 같은 질문들을 만들면 됩니다. 그리고 학생들에게 A4를 나눠주고 4등분을 합니다. 총 4개의 질문을 만들어 하나씩 4등분한 종이의 앞면에 적고 뒷면에는 답을 적습니다. ('질문 만들기'에 대한 자세한 설명은 34쪽을 확인하세요.)

(2) 퀴즈 풀기

준비가 끝나면 주어진 시간 동안(대략 5~10분) 돌아다니며 친구들과 서로 질문하고 답하는 활동을 진행하면 됩니다. 친구가 내 문제의 정답을 맞히면 문제 카드를 친구에게 주고 맞히지 못하면 카드를 주지 않습니다. 다음에는 내가 친구의 문제를 맞힙니다. 활동이 모두 끝나면 내가 가지고 있는 카드가 몇 개인지 확인하고 가장 많은 카드를 가지고 있는 학생이 1등이 됩니다.

카훗, 띵커벨 활용하기

카훗 또는 띵커벨을 이용해 개인 또는 짝, 모둠 형태로 퀴즈를 풀어 보세요. 정답을 빨리 맞출수록 더 많은 점수를 얻을 수 있어 더욱 재밌게 퀴즈를 풀 수 있습니다.

● 활동 Tip

① 퀴즈를 만들 때 이야기의 구성 요소(인물, 사건, 배경), 인물의 말과 행동, 중요한 사건과 관련된 질문을 만들도록 지도합니다. (자세한 설명은 34쪽 참고)

② 카훗을 활용해 수업할 때 모둠 형태로 진행하는 경우 정답을 누르는 역할을 돌아가면서 할 수 있도록 안내합니다.

③ 크랩이 준비한 PPT를 활용해 골든벨 형태로 수업할 수도 있습니다.

④ 학생들이 만든 질문으로 활동을 먼저 하고, 그중 잘 만든 문제를 포함해 카훗 문제를 푸는 방법을 활용하면 좋습니다.

2차시
'내용 확인하기' 수업 한눈에 보기

● 활동 방법

① 퀴즈 만들기

- 학생들이 직접 문제 만들기(질문 4개 만들기)
- A4를 4등분해 앞면에는 질문, 뒷면에는 정답 적기
- 질문 만들기 자세한 설명은 34쪽 참고

② 퀴즈 풀기

- 친구에게 문제를 내서 맞추면 문제 카드를 주고 틀리면 주지 않기
- 그다음 내가 친구의 문제를 맞히기
- 활동(5~10분)이 끝나고 카드를 가장 많이 가지고 있는 학생이 승리
- 카훗이나 띵커벨로 퀴즈를 푼다면 점수가 가장 높은 팀이 승리
  (ON 카훗, 띵커벨)

● 활동 사진

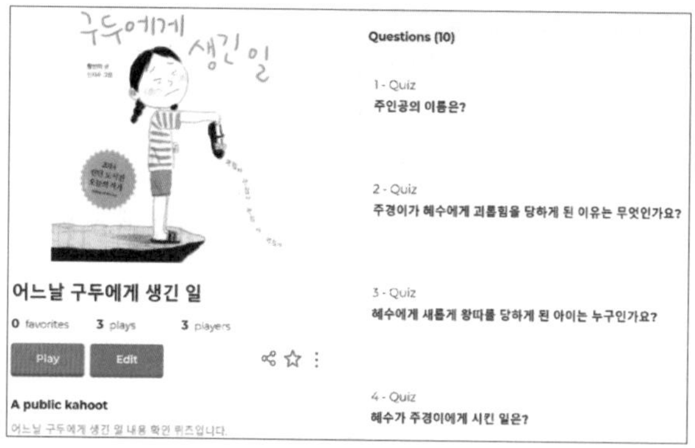

어느 날 구두에게 생긴 일 내용 확인하기 카훗

❸ 3차시: 이야기 간추리기 (읽기 후)

책을 읽고 나면 어떤 내용이었는지 기억이 안 나는 경우가 종종 있으신가요? 학생들도 마찬가지로 책을 읽고 나서, 이야기를 잘 기억하지 못하는 경우가 있습니다. 그럴 경우, 책을 다시 읽으면 좋겠지만, 시간이 너무 오래 걸린다는 단점이 있습니다. 하지만 책의 내용을 간추려 놓는다면 그 내용을 다시 살펴 보며 책의 내용이 떠올릴 수 있습니다. 이번 차시에서는 책의 내용을 간추려 보며 추후 차시들에서 진행될 다양한 활동에도 어려움이 없도록 구성했습니다.

● 활동 방법

(1) 책 내용 복습하기

지난 차시에 풀었던 퀴즈를 다시 풀어 보며 내용을 복습합니다. 퀴즈 내용은 똑같지만, 이번에는 퀴즈로 경쟁을 하기보다는 내용을 확인하는 정도로 진행합니다.

(2) 삽화 순서 맞추기

책의 삽화 10개를 제시하고, 다양한 질문을 통해 어떤 장면인지 이야기해 봅니다. 삽화의 내용에 대해 충분히 이야기를 나눴다면, 책의 흐름에 맞게 삽화의 순서를 맞추어 봅니다. 학생들이 혹시라도 순서를 헷갈린다면, 사건의 원인과 결과를 떠올리며, 일어난 일의 순서를 떠올려보도록 발문해야 합니다.

〈책의 내용을 떠올릴 수 있는 질문의 예시〉

1. 어떤 인물이 나오나요?
2. 이 장면에서 어떤 일이 일어 나나요?
3. 이 장면 이전에는 어떤 일이 있었나요?
4. 이 장면 다음에는 어떤 일이 일어 나나요?

(3) 인물, 사건, 배경 정리하기

내용 간추리기를 위해 소설의 3요소인 인물, 사건, 배경을 정리합니다.

〈소설의 3요소 정리하기〉

인물	책에 등장하는 인물들 적기 예: 주경이, 혜수, 명인이 등
사건	다양한 사건 중 가장 중요하다고 생각되는 주요 사건 적기 예: 주경이가 명인이의 구두를 버리는 사건
배경	앞서 적은 주요 사건의 시간적 배경, 공간적 배경 적기

(4) 이야기 간추리기

정리한 내용과 삽화의 순서를 토대로 이야기를 간추립니다. 삽화 당 한 문장 정도 적으면 됩니다. 적은 내용에 한두 문장을 추가해 앞, 뒤 내용이 자연스럽게 이어지도록 합니다. 시간적 배경과 공간적 배경이 드러나도록 적어 앞부분의 내용과 자연스럽게 어울릴 수 있도록 지도합니다. 4학년 1학기 2단원에서 배운 내용을 토대로,

시간과 공간의 변화에 따라 사건의 흐름을 중심으로 간추리도록 해도 좋습니다. 간추린 다음에 간추린 내용을 친구들과 비교하며, 부족한 점을 보완하는 활동을 추가해도 좋습니다.

*** 교과 연계**

– 4학년 1학기 국어 2단원. 내용을 간추려요
(이야기의 흐름에 따라 내용 간추리기)

에듀테크 ON

패들렛, 띵커보드, 구글 프레젠테이션 활용하기

패들렛'셸프'(띵커보드 활용 가능)를 활용해 삽화를 이야기 순서에 맞추고, 그림 아래에 학생들이 이야기를 간추려 적습니다. 이후 '담벼락'(띵커보드 활용 가능)을 활용해 간추린 내용을 모아 줄거리를 적도록 합니다.
모둠 협력 활동으로 수업을 진행하고 싶으시다면 구글 프레젠테이션을 활용해 진행할 수도 있습니다.

〈패들렛 셸프〉

〈패들렛 담벼락〉

● 활동 Tip

① 인쇄한 삽화가 크기가 작아 학생들이 보기 어려워한다면, 모둠별로 삽화 카드를 제시해 모둠활동으로 할 수도 있습니다. 또는 PPT 화면으로 제시해도 됩니다.

② 간추린 내용을 작성하기 어려워하는 학생에게는 10개의 삽화 내용을 모두 사용하지 않고, 4~5개만 사용해 작성하도록 지도해도 좋습니다.

3차시

'내용 간추리기' 수업 한눈에 보기

● 활동 방법

① 책 내용 복습하기

- 지난 시간에 풀었던 퀴즈 내용을 복습하며 내용 떠올리기

② 삽화 순서 맞추기

- 질문을 활용해 삽화에 관해 이야기 나누기
- 책 속에 등장하는 10개의 삽화 순서 맞추기

〈책의 내용을 떠올릴 수 있는 질문의 예시〉

1. 어떤 인물이 나오나요?
2. 이 장면에서 어떤 일이 일어나나요?
3. 이 장면 이전에는 어떤 일이 있었나요?
4. 이 장면 다음에는 어떤 일이 일어나나요?

③ 인물, 사건, 배경 정리하기

- 책에 등장하는 인물, 사건, 배경 정리하기 (ON 패들렛, 띵커보드)

〈소설의 3요소 정리하기〉

인물	책에 등장하는 인물들 적기 예: 주경이, 혜수, 명인이 등
사건	다양한 사건 중 가장 중요하다고 생각되는 주요 사건 적기 예: 주경이가 명인이의 구두를 버리는 사건
배경	앞서 적은 주요 사건의 시간적 배경, 공간적 배경 적기

④ 이야기 간추리기

- 삽화에 어울리는 책의 내용 간단하게 쓰기
- 정리한 내용을 연결해 책 내용 간추리기 (ON 패들렛, 띵커보드)

❹ 4차시: 내 장화의 주인은 누구?(읽기 후)

『어느 날 구두에게 생긴 일』에서는 '장화'라는 소재가 등장합니다. 책 속의 '장화'는 명인, 정아, 주경이의 사이를 돈독하게 연결해주는 매개체의 역할을 합니다. 또한, 주경이가 명인이에게 사과의 마음을 표현하는 소재이기도 합니다. 이번 차시는 책 속의 인물에게 선물할 장화를 꾸미고, 장화를 선물해보는 활동으로 구성했습니다. 책 속에 등장하는 각 인물에 대한 정보를 간단하게 복습하며, 인물들이 어떤 장화를 좋아할지 고려하며 장화를 꾸미도록 했습니다.

● 활동 방법

(1) 인물 정보 복습하기

책 속에 등장하는 각 인물에게 어울리는 장화를 선물하기 위해, 먼저 인물의 정보를 되새길 필요가 있습니다. 먼저, 교사가 제시하는 인물 퀴즈를 풀어 봅니다. 그다음 인물의 성격이나 말과 행동을 떠올리며, 학생들은 자신이 고른 인물에 대한 간단한 퀴즈를 만듭니다. 퀴즈의 형식은 '다섯 고개' 퀴즈와 비슷합니다. '다섯 고개'는 5가지의 힌트가 있지만, 이번 활동에서는 3가지 힌트만 적도록 했습니다.

서로 만든 퀴즈를 풀어 보며, 자신이 인물의 정보에 대해 놓친 부분이 있는지 점검해 봅니다. 퀴즈를 다 풀고 나서 자신이 선택한 인물에게 어떤 장화를 선물하면 좋을지 함께 이야기해 봅니다.

〈퀴즈 예시〉

1. 나는 잘 아프지 않는 사람입니다.
2. 나는 노래를 잘 부릅니다.
3. 나는 명인이에게 매우 미안한 감정을 가지고 있습니다.

정답은? 이주경

(2) 선물할 장화 꾸미기

인물의 정보를 충분히 파악했으니, 이제 선물하고 싶은 장화를 꾸밉니다. 이 활동에서는 장화의 디자인만큼이나, 왜 장화를 이렇게 꾸미게 됐는지 그 이유를 적는 것이 중요합니다. 학생이 인물에 대해 정말로 잘 이해했는지, 마음에 공감하고 있는지에 대한 중요한 자료가 되기 때문입니다. 장화를 모두 꾸미고 나면, 다른 학생들의 장화와 비교해보며, 실제로 그 인물이 받았을 때 기분이 어떨지 서로 의견을 공유해보는 것도 좋습니다.

*** 교과 연계**
- 4학년 1학기 국어 1단원. 생각과 느낌을 나누어요.
  (이야기를 읽고 생각이나 느낌 나누기)

*** 교과 융합 관련 성취기준**
- [4미 02-02] 주제를 자유롭게 떠올릴 수 있다.

패들렛, 미리캔버스 활용하기

'인물 정보 퀴즈 내기' 활동을 패들렛으로 진행할 수 있습니다. 또한, '장화 꾸미기'는 자신의 미리캔버스로 도안을 복제해 내려받아 이용해도 됩니다.

〈패들렛〉

〈미리캔버스〉

● 활동 Tip

– 학생들이 적은 장화를 선물하고 싶은 이유를 살펴 보며, 비슷한 이유를 쓴 학생들의 장화 디자인을 비교해 보는 것도 좋습니다.

4차시

'내 장화의 주인은 누구?' 수업 한눈에 보기

● 활동 방법

① 인물 정보 복습하기

- 교사가 준비한 인물 퀴즈 풀어 보기
- '다섯 고개' 형식으로 인물 정보에 대한 퀴즈 만들기 (ON 패들렛)
- 퀴즈를 풀며, 책 속의 인물 정보 복습하기

② 선물할 장화 꾸미기

- 인물의 정보를 떠올리며, 선물하고 싶은 장화 꾸미기 (ON 미리캔버스)
- '왜 이 장화를 선물하고 싶은지' 이유 적기

*** 교과 연계**

- 4학년 1학기 국어 1단원. 생각과 느낌을 나누어요 (이야기를 읽고 생각이나 느낌 나누기)

*** 교과 융합 관련 성취기준**

- [4미 02-02] 주제를 자유롭게 떠올릴 수 있다.

● 활동 사진

● 책 속의 등장인물에게 선물하기 위한 장화를 꾸며봅시다.

어느 날 구두에게 생긴 일 **장화의 주인을 찾아서**

1. 인물 퀴즈 만들기

● 책에서 읽은 인물에 대한 정보를 바탕으로 인물 퀴즈 만들기

첫번째	나는 명인이의 구두를 던졌습니다
두번째	명인에게 구두를 던져서 전학을 가려고 했지만 전학가지 못했습니다
세번째	빨간 고래 장화를 [illegible] 였습니다

2. 장화 꾸미고 선물하기

● 책 속의 등장인물에게 선물하기 위한 장화를 꾸며봅시다.

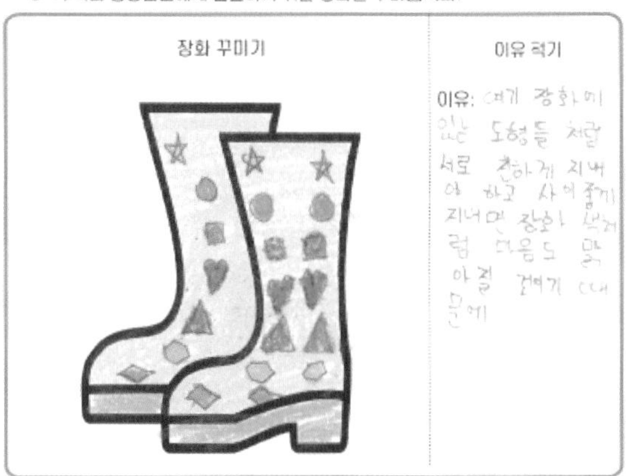

선물할 장화 꾸미기 활동 사진

⑤ 5차시: 인물 관계도 그리기(읽기 후)

『어느 날 구두에게 생긴 일』에서는 다양한 인물들이 등장합니다. 인물들이 많아지면 많아질수록, 이야기에서는 사건이 복잡해지기도 하고, 관계가 얽히기도 합니다. 이 책은 구두라는 소재로 시작해서 벌어지는 인물들의 관계를 중심으로 이야기가 전개됩니다. 그렇기 때문에 인물들의 관계를 잘 파악해두면 좀 더 책의 내용을 쉽게 이해할 수 있습니다.

(1) 인물 사전 만들기

인물 간의 관계를 파악하기 전에, 인물에 대한 정보를 정리해야 합니다. 지난 차시에서는 인물의 성격과 성향에 초점이 맞춰졌다면, 이번 차시에서는 인물의 말과 행동, 관련돼 일어난 사건들에 대해 초점을 둡니다. 인물이 좋아하는 것, 싫어하는 것, 말과 행동, 자주 느끼는 감정 등으로 인물 사전을 만들고, 학습지에 정리합니다. 이 활동을 할 때는 개인별 활동보다는 모둠별로 활동을 하는 것이 좋습니다. 선생님께서는 모둠별로 다른 인물의 사전을 만들도록 하고, 모둠 내에서 각 모둠원이 찾은 내용을 모아 사전을 만들도록 지도하는 것이 좋습니다. 또한, 모둠별로 만든 사전 내용을 공유해 정리한다면, 인물 관계를 표시하는 데에 도움이 될 것입니다.

(2) 인물 관계도 그리기

인물 사전 만들기 활동을 통해 인물의 말과 행동, 성격과 특징까지 파악했다면 이제 인물 관계도를 그리기 시작합니다. 인물 관계도에는 인물의 이름을 쓰고, 인물에 대한 설명을 간단하게 기록합니다. 인물의 설명이 적힌 칸을 관련 있는 인물끼리 이어줍니다. 각 인물은 서로에게 나쁜 감정을 가질 수도, 좋은 감정을 가질 수도 있습니다. 책 속에서 일어났던 여러 사건을 떠올리며, 각 인물 간의 관계를 이은 선 위에 감정(표정) 이모티콘으로 표시합니다.

패들렛, 미리캔버스 활용하기

자신이 만든 인물 사전을 패들렛으로 공유하고 패들렛 및 미리캔버스로 인물관계도를 그릴 수 있어요! 패들렛의 '인물사전-셀프', '인물관계도-캔버스'를 활용하면 됩니다.

〈패들렛 인물사전〉

〈패들렛 인물관계도〉

〈미리캔버스〉

● **활동 Tip**

– 인물 관계도를 보고, '이런 관계였던 사람이 있었는지' 다른 학생들과 자신의 경험을 나누어 보도록 해도 좋습니다.

5차시
'인물 관계도 그리기' 수업 한눈에 보기

●활동 방법

① 인물 사전 만들기

– 인물이 좋아하는 것, 싫어하는 것, 말과 행동, 자주 느끼는 감정 등으로 인물 사전 만들기 (ON 패들렛)

② 인물 관계도 그리기

– 인물의 정보를 간단하게 적고, 선을 연결해 인물 관계도 그리기 (ON 미리캔버스)

– 인물 간의 관계를 감정(표정) 이모티콘으로 표시하기

●활동 사진

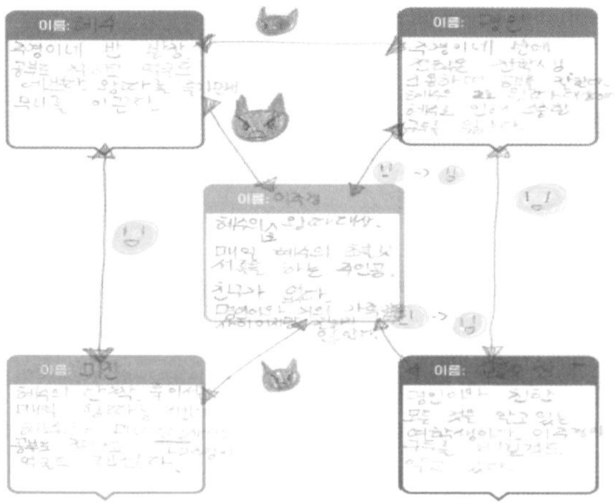

인물에 대한 설명을 적고 인물들끼리의 관계를 선으로 연결 후 표정을 그려봅시다.

인물 관계도

❻ 6차시: 내 사과를 받아줘(읽기 후)

이번 차시에서는 주경이가 명인이에게 사과의 말을 전하는 상황을 가정해서, 사과 편지를 작성하는 활동입니다. 이 활동을 통해, 학생들은 사과를 하기 위해서 꼭 들어가야 할 내용은 무엇인지, 어떤 말을 해야 하는지, 그 방법과 내용을 함께 배우게 됩니다. '나 전달법(I-message)'을 활용해 어떻게 사과하는지에 대해서도 배우고, 주인공의 입장이 돼보며 공감 능력도 기를 수 있습니다.

● 활동 방법

(1) 사과 준비하기

친구가 나한테 한 사과 또는 내가 친구에게 한 사과 중에서 기억에 남는 사과와 그 이유에 대해 이야기합니다. 다양한 의견을 듣고 진심이 담긴 사과를 하는 방법으로 '나 전달법(I-message)'을 소개합니다. '나 전달법(I-message)'는 다른 사람의 감정을 상하지 않게 나의 감정을 전달하고 상대방이 스스로 잘못된 행동을 수정하도록 하는 방법입니다. 이 방법은 사과를 받고 싶을 때, 하고 싶을 때 모두 활용이 가능합니다. '나 전달법(I-message)'을 활용한 예시 영상을 보며, '나 전달법(I-message)'을 사용하는 방법을 익힙니다. 그 후, 우리는 사과를 하는 입장에서 사과 편지에 들어가야 할 사실, 감정, 바람을 학습지에 간단하게 정리합니다.

〈나 전달법 예시〉

사실	구체적 사실 적기"내가~했다.","~하게 됐어." 예) 내가 혜수의 부탁을 거절하지 못했어. 그래서 너의 구두를 버려버리고 말았어.
감정	이 행동 때문에 생긴 감정 말하기 "내 마음이 ~해." 예) 그래서 너에게 너무 미안해.
바람	바라는 것 또는 고칠 부분 말하기"앞으로 ~할게" 예) 앞으로는 너의 물건을 함부로 건드리지 않을게.

(2) 사과 편지 작성하기

주경이의 입장이 돼 명인이에게 사과 편지를 씁니다. 이때, 사과하기 위해 명인이에게 주고 싶은 선물도 함께 그려 봅니다. 사과 '편지'를 작성하는 것이기 때문에, 학생들에게 편지의 기본 형식에 대해 간단히 지도하는 것도 좋습니다. (예: 첫인사, 끝인사, 날짜 적기) 선물을 그린 뒤에 이 선물을 주고 싶은 이유도 적어 봅니다. 이렇게 편지를 모두 완성하고 나면, 학생들에게 실제 주경이가 된 것처럼, 인물의 마음에 공감하며 자신이 명인이에게 쓴 사과 편지를 읽어 보도록 합니다.

*** 교과 연계**
- 3학년 1학기 국어 4단원. 내 마음을 편지에 담아
  (마음을 담아 편지 쓰기)
- 4학년 2학기 국어 2단원. 마음을 전하는 글을 써요
  (마음을 전하는 글쓰기)

*** 교과 융합 관련 성취기준**
- [4도 02-02] 친구의 소중함을 알고 친구와 사이좋게 지내며, 서로의 입장을 이해하고 인정한다.

에듀테크 ON 패들렛, 띵커보드 활용하기

편지 쓰는 활동을 패들렛, 띵커보드를 통해 할 수 있어요!
패들렛의 '담벼락', '셸프' , 띵커보드의 '타일형', '그룹형'을 활용하면 됩니다.

● 활동 Tip

① 사과를 해 본 기억이 없는 학생들이 많다면, 교실 내의 갈등 상황을 예시로 들어줘도 좋습니다.

② 주경이의 입장에서 명인이에게 편지를 쓰는 활동이라는 것을 명확하게 설명하고 수업을 진행해야 편지를 잘못 작성하는 일이 없습니다.

6차시

'내 사과를 받아줘' 수업 한눈에 보기

●활동 방법

① 사과 준비하기

- 사과를 하거나 받았던 경험 이야기해보기 (ON 패들렛)
- '나 전달법(I-message)' 알아 보기

〈나 전달법 예시〉

사실	구체적 사실 적기"내가~했다.","~하게 됐어." 예) 내가 혜수의 부탁을 거절하지 못했어. 그래서 너의 구두를 버려버리고 말았어.
감정	이 행동 때문에 생긴 감정 말하기 "내 마음이 ~해." 예) 그래서 너에게 너무 미안해.
바람	바라는 것 또는 고칠 부분 말하기"앞으로 ~할게" 예) 앞으로는 너의 물건을 함부로 건드리지 않을게.

② 사과 편지 작성하기

- 편지의 기본 형식 알아 보기
- 편지와 주고 싶은 선물, 그 이유 적어 보기 (ON 패들렛)
- 인물의 마음에 공감하며 편지 낭독하기

●활동 사진

3. 내 사과를 받아줘!

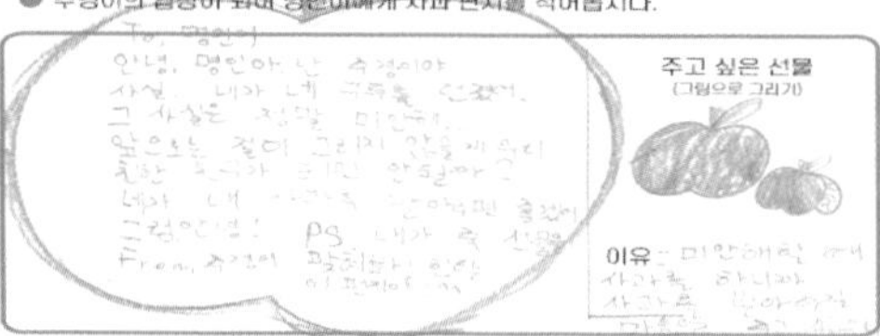

내 사과를 받아줘

❼ 7차시: 3분 극장(읽기 후)

이번 차시에서는 책 속의 몇 가지 상황을 대본으로 바꾼 것을 보고, 인물의 표정, 몸짓, 말투에 유의하며 모둠별로 짧은 역할극을 하게 됩니다. 책 속의 상황이 담긴 역할극을 하며, 학생들이 인물들의 감정에 공감하고 인물들을 더욱 깊이 이해할 수 있는 계기가 될 것입니다.

● 활동 방법

(1) 역할극 준비하기

역할극에 대한 간단한 설명과 함께 미리 준비된 역할극 대본을 살펴 봅니다. 4가지 대본 중에 모둠별로 역할극으로 하고 싶은 대본을 1개씩 선택하도록 합니다. 책 속의 내용과 역할극 대본이 어떻게 다른지 살펴 보며, 학생들이 자연스럽게 대본에서의 지시문과 대사에 대해 이해할 수 있도록 합니다.

〈책 내용을 대본으로 바꾼 예시〉

– 책 16쪽 원문	"넌 이런 거 싫어하는 줄 알았는데." 턱을 쳐들며 새침하게 말한다.
– 대본으로 바꾼 내용	혜수:(턱을 쳐들며 새침하게) 넌 이런 거 싫어하는 줄 알았는데

(2) 역할극 연습하기

역할극을 하고 싶은 대본을 골랐다면, 모둠별로 역할극을 연습할 시간을 줍니다. 인물의 표정, 몸짓, 말투에 유의하며 표현할 수 있도록 지도합니다. 각 대본 아래에 적힌 질문들을 살펴 보고 인물의 마음, 표정을 생각하며 연습합니다.

(3) 역할극 하기

3분 이내의 짧은 역할극이므로, 말할 수 있는 대사가 그리 많지는 않습니다. 그래서 더욱 중요한 것이 표정, 몸짓과 말투입니다. 짧은 상황 속에서도 인물의 마음을 잘 전달하기 위해서는 표정, 몸짓과 말투를 실감 나게 표현해야 합니다. 학생들이 인물들의 감정에 공감하고 깊이 이해하며 역할극에 참여할 수 있도록 지도해야 합니다.

*** 교과 연계**

- 3학년 2학기 국어 9단원. 작품 속 인물이 돼
  (알맞은 표정, 몸짓, 말투를 생각하며 극본 읽기)
- 4학년 1학기 국어 3단원. 느낌을 살려 말해요
  (자신이 겪은 일을 실감 나게 말하기)
- 4학년 1학기 국어 10단원. 인물의 마음을 알아 봐요
  (표정이나 행동으로 인물의 마음 짐작하기)

(4) 나라면 어떨까?

역할극을 하고 나서 느낀 점을 이야기해보며 책 속의 여러 상황 속에서 드러난 인물의 마음을 정리해 봅니다. 그 후, '내가 만약 이 상황의 ㅇㅇ라면 어떻게 말하고 행동했을지'에 대해 다른 학생들과

이야기해 봅니다. 책 속의 인물들이 겪고 있는 갈등 상황에 대한 학생들의 의견을 서로 비교해 보며, 친구들과의 일상생활 속 갈등 상황에 대한 해결책을 간접적으로 얻을 수 있을 것입니다.

미리캔버스 활용하기

미리캔버스 온라인 프레젠테이션에 제시된 여러 대본 중에 하나를 골라, 실시간 수업 플랫폼에서 모둠원들끼리 역할극을 할 수 있습니다.

● 활동 Tip

① 소규모 학급 같은 경우, 역할극 활동이 빨리 끝난다면 다른 대본으로 바꾸어 한 번 더 역할극을 하는 형태로 진행하면 됩니다.

② 역할극 활동에 시간이 많이 소요될 경우, 4번째 활동은 줄이거나 생략할 수 있습니다.

7차시
'3분 극장' 수업 한눈에 보기

● 활동 방법

① 역할극 준비하기

- 대본을 보고, 모둠별로 역할극을 하고 싶은 대본 고르기 (ON 미리캔버스)
- 책 속의 내용과 대본의 다른 점 찾아보기

② 역할극 연습하기

- 인물의 표정, 몸짓, 말투에 유의하며 연습하기
- 대본 아래쪽의 질문에 대한 대답을 생각하며 연습하기 (ON 미리캔버스)

③ 역할극 하기

- 인물의 표정, 몸짓, 말투를 살려 짧은 역할극 하기

*** 교과 연계**

- 3학년 2학기 국어 9단원. 작품 속 인물이 돼
  (알맞은 표정, 몸짓, 말투를 생각하며 극본 읽기)
- 4학년 1학기 국어 3단원. 느낌을 살려 말해요
  (자신이 겪은 일을 실감 나게 말하기)
- 4학년 1학기 국어 10단원. 인물의 마음을 알아봐요
  (표정이나 행동으로 인물의 마음 짐작하기)

④ 나라면 어떨까?

- 대본별 상황 속 인물의 마음 정리하기
- '내가 ㅇㅇ라면 어떻게 말하고 행동할지' 이야기하기

❽ 8차시: 뒷이야기 상상하기(읽기 후)

이번 차시는 마지막 차시로, 『어느 날 구두에게 생긴 일』의 뒷이야기를 상상해보는 활동입니다. 상상한 이야기를 글로만 표현하도록 하지 않고, 그림과 만화를 선택할 수 있게 해서, 표현하는 데에 부담을 줄일 수 있도록 활동을 구성했습니다.

● 활동 방법

(1) 마지막 부분 파악하기

책의 마지막 부분의 내용을 학생들이 떠올리도록 간단한 미니 퀴즈를 풀며 활동을 시작합니다. 미니 퀴즈를 통해 뒷이야기를 상상하기 위한 기초를 다질 수 있습니다.

(2) 뒷이야기 상상하기

세 가지 질문을 통해, 뒷이야기를 상상하기 전, 자신의 생각을 정리해 봅니다.

〈세 가지 질문〉

① 혜수는 주경이의 문자 메시지를 읽고 어떤 말과 행동을 할까요?
② 주경이와 명인이의 무대는 어땠을까요?
③ 공연이 끝나고는 어떤 일이 있을까요?

학생들은 세 가지 질문에 대해 답을 하며, 자신이 쓸 내용을 간단하게 정리합니다. 자신이 쓸 내용을 간단하게 정리함으로써, 앞의 내용과 자연스럽게 연결되는 글, 그림, 만화 작품을 만들 수 있습니다.

(3) 뒷이야기 표현하기

정리한 내용을 토대로 글, 그림, 만화 중에 자신이 원하는 방법을 골라 상상한 내용을 표현합니다. 작품을 모두 완성하고 나면, 작품을 함께 공유합니다. 학생들이 상상한 다양한 이야기들이 다양한 형식으로 표현돼 있어, 작은 문학 전시회처럼 활동을 진행하는 것도 좋습니다.

*** 교과 연계**
- 4학년 1학기 국어 5단원. 내가 만든 이야기
  (이야기를 읽고 이어질 내용 상상해 쓰기, 자신이 상상한 이야기를 친구들에게 들려주기)
- 4학년 1학기 국어 10단원. 인물의 마음을 알아봐요
  (재미있었던 일을 만화로 표현하기)

*** 교과 융합 관련 성취기준**
- [4미02-03] 연상, 상상하거나 대상을 관찰해 주제를 탐색할 수 있다.

패들렛, 띵커보드

자신이 쓴 글을 패들렛, 띵커보드를 통해 공유할 수 있어요!
패들렛의 '담벼락', '셸프' , 띵커보드의 '타일형', '그룹형'을 활용하면 됩니다.

● 활동 Tip

① 세 가지 유형별로 학생들이 표현하는 데 걸리는 시간이 다르기 때문에, 먼저 끝난 학생들은 자신의 작품을 보완하거나 검토하도록 지도하는 것이 좋습니다.

② 학생들이 이야기와 관련 없는 내용으로 뒷이야기를 만들지 않도록 안내해야 합니다. 이야기의 흐름이 자연스럽고, 앞부분의 내용과 어울리도록 미리 학생들에게 잔인하거나 폭력적인 내용은 넣지 않게 지도하는 것이 좋습니다.

8차시

'뒷이야기 상상하기' 수업 한눈에 보기

● 활동 방법

① 마지막 부분 파악하기

– 책의 마지막 부분의 내용을 파악하기 위해 미니 퀴즈 풀기

② 뒷이야기 상상하기

– 세 가지 질문을 통해, 자신의 생각 정리하기 (ON 패들렛)

〈세 가지 질문〉

① 혜수는 주경이의 문자 메시지를 읽고 어떤 말과 행동을 할까요?
② 주경이와 명인이의 무대는 어땠을까요?
③ 공연이 끝나고는 어떤 일이 있을까요?

③ 뒷이야기 표현하기

– 글, 그림, 만화 중에 원하는 표현 형식을 골라 자신이 상상한 뒷이야기를 표현하기 (ON 패들렛)
– 각자의 뒷이야기를 서로 공유하며, 문학의 즐거움 느끼기

*** 교과 연계**
– 4학년 1학기 국어 5단원. 내가 만든 이야기
(이야기를 읽고 이어질 내용 상상해 쓰기, 자신이 상상한 이야기를 친구들에게 들려주기)
– 4학년 1학기 국어 10단원. 인물의 마음을 알아봐요
(재미있었던 일을 만화로 표현하기)
*** 교과 융합 관련 성취기준**
– [4미02-03] 연상, 상상하거나 대상을 관찰해 주제를 탐색할 수 있다.

● 활동 사진

뒷이야기 상상하기 만화

2장

5,6학년 추천 온책읽기

1. 『시간 가게』

「시간 가게」(글 이나영, 그림 윤정주)도서를 활용한 7차시 분량의 수업 자료(활동지 및 PPT)는 '크랩 블로그'에서 내려받을 수 있습니다.

* 블로그 주소: https://crab.tistory.com/

"시간을 사는 방법은 아주 쉬워.

돈은 필요 없다. 행복한 기억을 하나씩 주면 돼."

『시간 가게』의 주인공 '윤아'는 우연히 들린 시간 가게에서 오직 자신만 쓸 수 있는 10분이 생기는 대신 행복한 기억을 줘야 하는 거래를 하기 시작합니다. 학교에서 1등이 되고 싶어서 시간을 사지만 점점 행복한 기억을 잃어가기 시작하자, 시간을 사기 위해 행복한 기억을 파는 것에 대해 혼란이 오기 시작합니다. 이 과정에서 윤아는 진정한 행복이란 무엇인가에 대해 생각하게 됩니다.

요즈음 학생들이 스트레스를 받는 가장 큰 원인은 바로 '학업 성적'일 것입니다. 많은 학생들이 다양한 체험을 통해 경험을 쌓고, 독서를 통한 간접 경험을 쌓아 가야 하는 학창 시절 대부분을 학원에서 공부만 하며 보내고 있습니다. 학생들에게 과연 행복이란 무엇일까요? 학생들이 '진정한 행복이란 무엇일까?'에 대해 생각을 해보길 바라는 마음에 이 책을 선정했습니다.

❶ 1차시: 키워드로 상상하기(읽기 전)

학생들이 책을 읽기 전, 교사가 제시한 키워드를 바탕으로 책 내용을 상상해보는 활동입니다. 이 활동을 진행하고 난 뒤 내가 상상한 내용과 책의 실제 내용을 비교하며 읽는다면 책을 읽는 즐거움을 키워줄 수 있습니다.

● 활동 방법

(1) 질문하기

책과 관련된 질문을 통해 책을 읽기 전, 학생들의 흥미를 유발할 수 있습니다.

〈예시 질문〉

- 만약 시간을 살 수 있다면 어떤 것을 하고 싶나요?
- 나에게 진정한 행복이란 무엇인가요?
- 시간을 살 수 있다면 어떤 것을 대가로 지불할 수 있나요?

다음과 같이 학생들이 호기심을 느낄 수 있는 질문, 책의 내용을 예상해 볼 수 있는 질문을 활용해 수업을 시작합니다.

멘티미터 활용하기

우리 반 친구들의 생각을 실시간으로 알고 싶다면?
멘티미터의 'Word cloud'를 활용해보세요. 멘티미터는 다양한 형식으로 친구들의 의견을 실시간으로 모아서 보여 줄 수 있습니다.

나에게 진정한 행복이란? word cloud

(2) 키워드 제시하기

학생들에게 키워드를 6~10개 정도 제시합니다. 너무 적은 키워드를 제시하면 책의 내용을 예상하기 어려울 것이고, 너무 많은 키워드를 제공한다면 책의 내용을 상상할 때 방향성을 잡기 어려울 것입니다. 이때, 책의 표지나 목차도 함께 보여 준다면 학생들이 조금 더 쉽게 키워드 글짓기를 할 수 있습니다.

'시간 가게' 키워드 예시								
기억	학원	엄마	시계	꿈	외로움	행복	시간	1등

(3) 키워드 글짓기

학생들에게 제공한 키워드와 책 표지, 책의 목차 등을 보고 책의 내용을 상상해 글로 적어 보는 활동입니다. 글짓기를 할 때는 반드

패들렛 활용하기

우리 반 학생들의 전체 의견을 한 번에 또는 자세히 보고 싶다면?
패들렛을 활용해보세요. 책을 읽으며 내가 상상한 내용을 비교하고 싶을 때, QR코드 하나면 언제든지 글을 다시 볼 수 있어요!

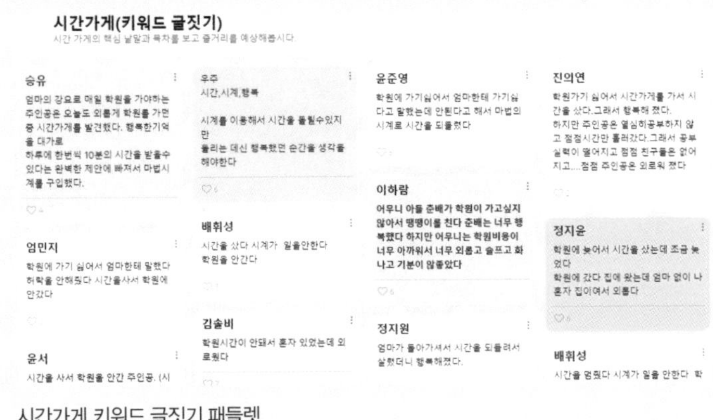

시간가게 키워드 글짓기 패들렛

시 키워드가 3~4개 이상 들어갈 수 있도록 안내합니다. 그래야 학생들이 책과 관련된 내용을 상상할 수 있습니다. 키워드 글짓기가 끝나면 발표를 통해 다른 친구들의 글과 나의 글을 비교해 볼 수 있도록 합니다. 서로 상상한 내용이 비슷한지 다른지 비교하며 발표를 듣는 것도 좋습니다. 학생들이 쓴 글은 보관했다가 책을 읽을 때 내가 상상한 내용과 실제 책의 내용을 비교하며 읽으면, '책 내용 상상하기'의 즐거움을 느낄 수 있습니다.

● 활동 Tip

①'질문하기'에서 질문은 교사가 제시해도 되고, 책 표지나 목차를 바탕으로 학생들이 질문하는 형태로 진행해도 됩니다.

② 자신이 선택한 키워드를 동그라미나 다른 색으로 표시하면 내가 어떤 키워드를 사용했는지 한눈에 볼 수 있습니다.

1차시

'키워드로 상상하기' 수업 한눈에 보기

● 활동 방법

① **질문하기**

– 책과 관련된 질문을 통해 학생들의 흥미를 유발하기 (ON 멘티미터)

〈예시 질문〉

– 만약 시간을 살 수 있다면 어떤 것을 하고 싶나요?
– 나에게 진정한 행복이란 무엇인가요?
– 시간을 살 수 있다면 어떤 것을 대가로 지불할 수 있나요?

② **키워드 제시하기**

– 교사가 미리 준비한 키워드(6~10개 정도) 제시하기 (ON 패들렛)
– 책 표지나, 책 목차를 보고 키워드 추가하기도 가능

'시간 가게' 키워드 예시								
기억	학원	엄마	시계	꿈	외로움	행복	시간	1등

③ **키워드 글짓기**

– 키워드 3~4개 골라 글짓기 하기 (ON 패들렛)
– 친구들과 나의 글 비교하기

❷ 2차시: 퀴즈로 내용 확인하기(읽기 후)

『시간 가게』에서 학생들이 꼭 기억해야 할 내용은 '시간을 사는 대가는 무엇이었는지', '윤아가 시간을 점점 많이 사게 되면서 생긴 일은 무엇이었는지 ' 등입니다. 이를 바탕으로 관련된 내용들을 중점적으로 확인하면 책의 내용을 이해하는 데 많은 도움이 될 수 있습니다.

● 활동 방법

(1) 퀴즈 만들기

학생들이 직접 문제를 만들어 봅니다. '윤아가 시간을 산 대가는 무엇이었나요?'와 같은 질문들을 만들면 됩니다. 그리고 학생들에게 A4를 나눠주고 4등분 합니다. 총 4개의 질문을 만들어 하나씩 4등분한 종이의 앞면에 적고 뒷면에는 답을 적습니다. ('질문 만들기'에 대한 자세한 설명은 34쪽을 참고하세요.)

(2) 퀴즈 풀기

준비가 끝나면 주어진 시간 동안(대략 5~10분) 돌아다니며 친구들과 서로 질문하고 답하는 활동을 진행하면 됩니다. 친구가 내 문제의 정답을 맞히면 문제 카드를 친구에게 주고 맞히지 못하면 카드를 주지 않습니다. 다음에는 내가 친구의 문제를 맞힙니다. 활동이 모두 끝나면 내가 가지고 있는 카드가 몇 개인지 확인하고 가장 많은 카드를 가지고 있는 학생이 1등이 됩니다.

카훗, 띵커벨 활용하기

카훗 또는 띵커벨을 이용해 개인 또는 짝, 모둠 형태로 퀴즈를 풀어 보세요. 정답을 빨리 맞출수록 더 많은 점수를 얻을 수 있어 더욱 재밌게 퀴즈를 풀 수 있습니다.

● 활동 Tip

① 퀴즈를 만들 때 이야기의 구성 요소(인물, 사건, 배경), 인물의 말과 행동, 중요한 사건과 관련된 질문을 만들도록 지도합니다.(자세한 설명은 34쪽 참고)

② 카훗을 활용해 수업할 때 모둠 형태로 진행하는 경우 정답을 누르는 역할을 돌아가면서 할 수 있도록 안내합니다.

③ 크랩이 준비한 PPT를 활용해 골든벨 형식으로 수업할 수도 있습니다.

④ 학생들이 만든 질문으로 활동을 먼저 하고, 그중 잘 만든 문제를 포함해 카훗 문제를 푸는 방법을 활용하면 좋습니다.

2차시
'퀴즈로 내용 확인하기' 수업 한눈에 보기

●활동 방법

① 퀴즈 만들기

- 학생들이 직접 문제 만들어 보기(질문 4개 만들기)
- A4를 4등분해 앞면에는 질문, 뒷면에는 정답 적기
- 질문 만들기에 대한 자세한 설명은 34쪽 참고

② 퀴즈 풀기

- 친구에게 문제를 내서 맞추면 문제 카드를 주고 틀리면 주지 않기
- 그 다음 내가 친구의 문제를 맞히기
- 활동(5~10분)이 끝나고 카드를 가장 많이 가지고 있는 학생이 승리
- 카훗이나 띵커벨로 퀴즈를 푼다면 점수가 가장 높은 팀이 승리
  (ON 카훗, 띵커벨)

●활동 사진

시간 가게 내용 확인하기 카훗

❸ 3차시: 이야기 간추리기(읽기 후)

'시간 가게'의 중요한 내용을 바탕을 시간적 흐름에 따라 간추리는 활동입니다. 학생들이 활동을 진행하는 데 도움을 주기 위해 교사가 책의 목차를 4~6부분으로 나누어 제시합니다. 이 활동을 통해 책의 내용적인 측면을 완전히 이해해야 다음 차시들에서 이어지는 이 책의 주인공들과의 감정 공유 및 토의 활동들이 의미 있게 진행될 수 있습니다.

● 활동 방법

(1) 목차 나누기

이야기가 연결되는 부분을 고려해 목차를 4~6부분으로 나눕니다.

〈시간 가게 목차 나누기 예시〉

파트	목차	내용
파트 1	목차 1~3	시간 가게, 시간을 사다, 십 분 후
파트 2	목차 4~6	수학 시험, 전교 1등, 행복해지는 길
파트 3	목차 7~11	쓸쓸한 패배자, 다시 찾은 시간 가게, 인생 설계, 몸의 기억, 영어 인증시험
파트 4	목차 12~13	기억나지 않는 기억, 나는 왜
파트 5	목차 14~17	또 다른 거래, 기억을 사다, 진짜 기억 가짜 기억, 넌 지금 어때?
파트 6	목차 18	시계를 풀다

(2) 파트별 중심문장 찾아보기

먼저 각 파트별로 중요한 사건이나 인물의 말과 행동을 찾아 적어 봅니다. 각 파트별로 여러 개의 문장을 적은 경우, 책의 이해를 위해 반드시 필요한 문장은 어떤 것인지 생각해 보고 문장들을 지워가면서 파트별 중심문장을 찾습니다.

(3) 이야기 간추리기

총 6개의 파트에서 찾은 중심문장들을 활용해 하나의 글을 완성해 봅니다. 연결 어미를 활용해 자연스러운 글이 되게 한 후, 자신이 쓴 글을 친구들에게 발표하고 서로의 의견을 공유합니다.

*** 교과 연계**

- 5학년 2학기 국어 7단원. 중요한 내용을 요약해요 (글의 구조에 따라 요약하기)
- 6학년 1학기 국어 2단원. 이야기를 간추려요 (이야기를 읽고 요약하기)

패들렛 활용하기

다른 친구들이 쓴 간추린 글들을 빠르게 보고 싶다면?
패들렛의 '셸프'를 활용해보세요. 선생님이 컬럼(목차를 2~4개 정도로 묶어서)을 4~6개 정도 구분한 후 학생들이 각 컬럼 아래 '+'표시를 눌러 중심문장을 적을 수 있도록 안내해야 해요. 친구들의 글을 참고해 6개 파트의 내용을 요약한 후 하나의 글로 완성하면 됩니다.

● 활동 Tip

① 활용하는 책의 특성에 따라 나눈 목차의 개수가 달라질 수 있습니다.

② 혼자서 책의 내용을 요약하는 것을 어려워하는 경우, 모둠활동으로 진행하면 조금 더 쉽게 진행할 수 있습니다.

3차시

'이야기 간추리기' 수업 한눈에 보기

● 활동 방법

① **목차 나누기**

– 이야기가 연결되는 것을 고려해 목차를 4~6부분으로 나누기

〈목차 나누기 예시〉

파트 1	목차 1~3	시간 가게, 시간을 사다, 십 분 후
파트 2	목차 4~6	수학 시험, 전교 1등, 행복해지는 길
파트 3	목차 7~11	쓸쓸한 패배자, 다시 찾은 시간 가게, 인생 설계, 몸의 기억, 영어 인증시험
파트 4	목차 12~13	기억나지 않는 기억, 나는 왜
파트 5	목차 14~17	또 다른 거래, 기억을 사다, 진짜 기억 가짜 기억, 넌 지금 어때?
파트 6	목차 18	시계를 풀다

② **파트별 중심문장 찾기**

– 파트별로 중요한 사건이나 말, 행동을 찾아서 적어 보기
– 책의 내용을 간추리는 데 필요 없는 문장은 삭제하며 중심문장 찾기 (ON 패들렛)

③ **이야기 간추리기**

– 파트별로 찾은 중심문장들을 연결 어미를 사용해 하나의 글로 적어 보기 (ON 패들렛)
– 친구들과 비교해 보고 수정하기

〈이야기 간추리기 예시〉

목차	문장 예시
파트 1	윤아는 우연히 시간 가게에 가게 되고 행복한 기억을 주는 대가로 시간을 살 수 있게 됨.
파트 2	윤아는 시계를 사용해 시간을 멈추고 수영이의 시험지를 베껴 전교 1등을 함.
파트 3	할아버지에게 찾아가 시간을 살 때, 행복한 기억 2개를 파는 대가로 시계를 고침.
파트 4	다현이와 생일 파티를 하기 위해 만났지만, 다현이와의 기억이 사라짐. 할머니와 아빠에 대한 기억을 떠올리려 했지만 잘 떠오르지 않음.
파트 5	윤아는 자신의 행복한 기억의 소중함을 느끼고 다시 시간 가게를 찾아감. 할아버지는 자신의 기억을 되찾는 조건으로 윤아의 시간을 10분 주고 행복한 기억을 다시 받을 수 있다고 함.
파트 6	윤아는 '더 이상 시계가 필요없다.'라고 생각해 시계를 깨뜨림.

❹ 4차시: 감정 그래프 그리기(읽기 후)

지난 시간에 간추린 내용을 바탕으로, 주인공의 감정을 정리해 그래프로 만들어 보는 활동입니다. 그래프를 통해 직관적으로 이야기의 흐름을 파악할 수 있어, 학생들이 글을 이해하는 데 도움이 됩니다. 또한, 인물의 감정에 공감해보는 활동을 통해 학생들의 공감 능력도 기를 수 있습니다.

● 활동 방법

(1) 그래프 항목 정하기

지난 시간에 간추린 내용을 활용해 그래프의 가로 항목을 설정합니다. 그리고 [슬픔/우울]을 0, [기쁨/행복]을 10으로 정해 세로 항목을 설정합니다. 이때 중간 숫자인 5는 보통의 감정 상태라고 안내해줍니다.

(2) 그래프 그리기

상황별 인물의 감정을 추측해 그래프를 만듭니다. 활동지에 항목별로 감정을 표시해 그래프를 만들어 봅니다.

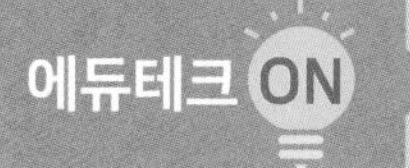

멘티미터 활용하기

멘티미터의 'scales'를 활용해 그래프를 만들어 보세요. statements에 이야기 상황별로 각 항목을 입력하고 Custom low(high) labal에 슬픔, 우울 척도를 0점으로, 기쁨, 우울 척도를 10점으로 해 학생들의 의견을 확인해보아요. 학생들이 투표한 감정들의 평균값이 나타나면 그 선들을 연결해 감정 그래프를 만들 수 있습니다.

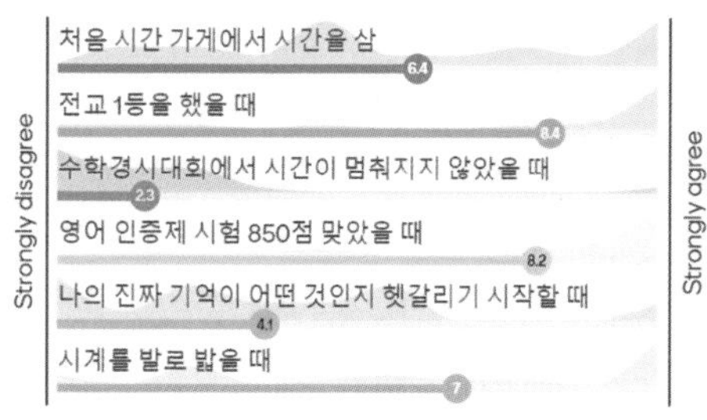

윤아 감정 그래프 멘티미터

(3) 인물의 감정에 공감하기

친구들이 그린 그래프와 자신의 그래프를 비교한 후 만약 자신이 등장 인물과 똑같은 상황이라면 어떤 감정이 들지 이야기해 봅니다. 친구들의 생각을 들으며 똑같은 상황이어도 생각하는 감정이 다를 수 있다는 것을 이해할 수 있습니다.

● 활동 Tip

−멘티미터를 활용할 때에는 결과화면을 캡처해 PPT의 그리기 도구를 이용하면 쉽게 평균 점수를 선으로 이을 수 있습니다.

4차시

'감정 그래프 만들기' 수업 한눈에 보기

● 활동 방법

① 그래프 항목 정하기

- 지난 시간에 요약한 사건을 바탕으로 가로 항목 설정하기
- [슬픔/우울]을 0, [기쁨/행복]을 10으로 세로 항목 설정하기

② 그래프 그리기

- 활동지에 사건에 따른 인물의 감정을 표시해 그래프 그리기 (ON 멘티미터)

③ 인물 감정 공감하기

- 자신이 주인공이라면 각 상황에 어떤 감정이었을지 생각해보기
- 친구들과 자신의 생각을 비교해보며 똑같은 상황이어도 서로의 생각이 다를 수 있다는 점 이해하기

● 활동 사진

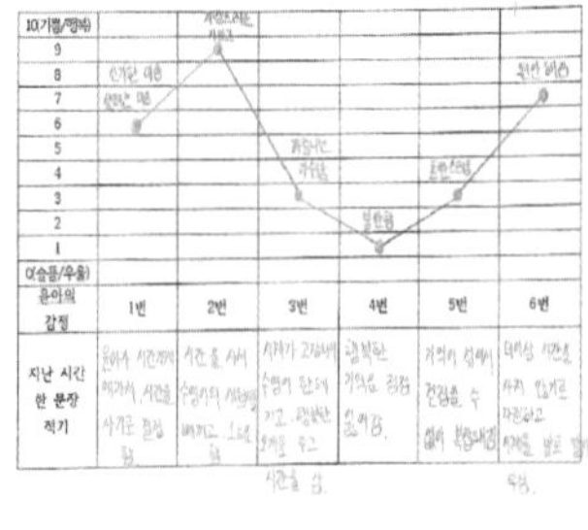

감정 그래프 만들기 (1)

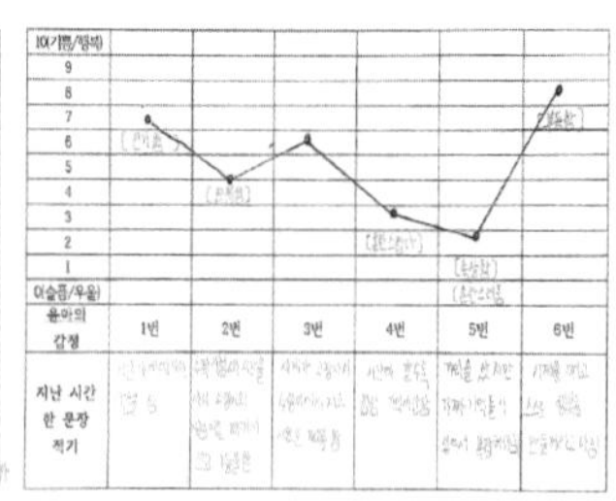

감정 그래프 만들기 (2)

❺ 5~6차시: 토의하기(읽기 후)

주인공의 입장이 돼 생각해보는 것은 책을 깊이 있게 이해하고, 책과 나의 삶을 연결할 수 있게 해준다는 점에서 의미가 있는 활동입니다. 이번 차시는 토의를 하기 전에 토의 주제와 관련된 가치에 대한 내 생각을 정리해 본 뒤, 주인공의 입장이 돼 주제에 맞게 내 생각을 표현하는 방식으로 진행하고자 합니다.

● 활동 방법

(1) '행복' 개념 정리하기

행복이란 개념은 사람마다 다를 수 있습니다. 행복을 주제로 토의하기 위해서는 '행복'에 대한 '내 생각'을 정리해야 합니다. 국어사전에서 찾을 수 있는 사전적 정의가 아니라, 내가 다양한 경험을 하며 느꼈던 '행복'을 바탕으로 '나에게 행복이란 OO이다.'를 이유와 함께 적어 보도록 합니다.

〈'나에게 행복이란 OO이다' 예시〉

나에게 행복이란 '가족'이다.
가족이 함께해야 비로소 진정한 행복이 만들어지기 때문이다.

패들렛, 띵커보드

패들렛의 '담벼락'이나 '그리드'를 활용해보세요. 우리 반 전체 친구들의 행복에 대한 생각을 쉽고 빠르게 알 수 있어요.

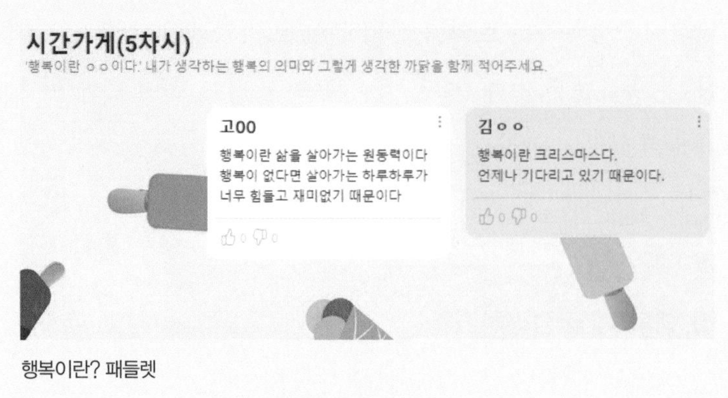

시간가게(5차시)
'행복이란 ㅇㅇ이다.' 내가 생각하는 행복의 의미와 그렇게 생각한 까닭을 함께 적어주세요.
고00
행복이란 삶을 살아가는 원동력이다 행복이 없다면 살아가는 하루하루가 너무 힘들고 재미없기 때문이다
김ㅇㅇ
행복이란 크리스마스다. 언제나 기다리고 있기 때문이다.

행복이란? 패들렛

(2) 내가 만약 주인공이라면? (토의하기)

'행복한 기억이 중요하다 VS 행복한 기억을 팔아서라도 원하는 것을 얻는 것이 더 중요하다'를 주제로 토의를 진행합니다. 내가 만약 '윤아'가 된다면 행복한 기억과 원하는 것을 얻는 것 중 어떤 것을 선택할 것인지 생각해 봅니다. 자신의 생각을 붙임 쪽지 또는 활동지에 적고 발표합니다. 서로 의견을 공유하며 친구들은 어떤 것을 더 중요하게 생각하는지 들어 봅니다. 발표를 들으며 친구들이 어떤 것을 중요하게 생각하는지 알 수 있습니다. 이 활동을 통해 친구에 대한 이해가 깊어질 수 있습니다.

*** 교과 연계**

- 6학년 1학기 국어 4단원. 주장과 근거를 판단해요
  (다양한 주장 살펴 보기)
- 6학년 2학기 국어 3단원. 타당한 근거로 글을 써요
  (주장에 대한 근거가 적절한지 판단하며 글을 읽기)

패들렛, 띵커보드

토의를 준비할 때 다른 친구들의 의견을 참고하고 싶다면?
패들렛의 '셀프' 기능을 사용해 보아요. 각 주제에 따른 친구들의 생각을 참고해서 나의 생각을 정리해보고, 나의 의견에 잘못된 부분이 없는지 확인할 수도 있어요.

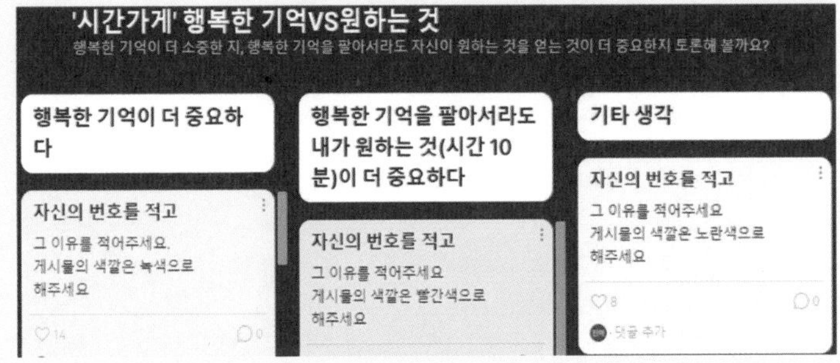

내가 만약 주인공이라면? 패들렛

● 활동 Tip

– 토의할 때 선택에 대한 기회비용을 생각하면 자신이 어떤 가치를 더 중요하게 생각하는지 알 수 있습니다.

5~6차시
'토의하기' 수업 한눈에 보기

● 활동 방법

① '행복' 개념 정리하기

- '행복'에 대한 내 생각 정리하기
- 나의 경험을 바탕으로 해 나에게'행복이란 OO이다. 왜냐하면 ~이기 때문이다.'적어 보기 (ON 패들렛)

② 내가 만약 주인공이라면? (토의하기)

- 행복에 대해 정리한 생각을 바탕으로 내 의견 정하기
- '행복한 기억이 중요하다.' VS '행복한 기억을 팔아서라도 원하는 것을 얻는 것이 중요하다.' 주제로 토의하기 (ON 패들렛)
- 서로의 생각을 비교해 보기

*** 교과 연계**
- 6학년 1학기 국어 4단원. 주장과 근거를 판단해요 (다양한 주장 살펴 보기)
- 6학년 2학기 국어 3단원. 타당한 근거로 글을 써요 (주장에 대한 근거가 적절한지 판단하며 글을 읽기)

● 활동 사진

나에게 행복이란?

행복이란, 나(자신)이다. 왜냐하면 모든 행복은 내가 가는 길에 따라 달라지기 때문이다!

행복 개념 정리하기

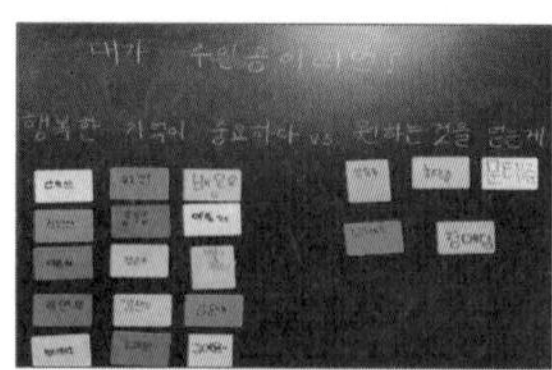

내가 주인공이라면

❻ 7차시: 고민 해결하기(읽기 후)

책을 읽으면 다양한 상황을 '간접 경험' 할 수 있습니다. 책 속에서 주인공들이 무언가를 잘 해내는 모습 또는 잘못을 하고 후회하는 모습을 보고, '아, 나도 주인공처럼 해봐야지(하지 말아야지).' 또는 '저 주인공은 나와 생각이 정말 비슷하구나(다르구나).'라고 생각할 수 있습니다. 학생들은 이 책을 읽으며 여러 가지 간접 경험을 해보았습니다. 이 간접 경험을 바탕으로 책과 비슷한 걱정거리 또는 자신이 가지고 있는 다른 걱정거리들을 친구들과 공유하고 해결해 보며 학생들이 진정한 행복을 느낄 수 있도록 돕고자 합니다.

● 활동 방법

(1) 나의 고민 이야기하기

나의 고민을 붙임 쪽지에 적어 봅니다. 내가 적은 고민이 친구들과 이야기 나눠 보고 싶은 고민이라면 노란 바구니에, 이야기를 나누고 싶지 않은 고민이라면 검은 비닐봉지에 버리도록 안내합니다. 이때, 이야기를 나누고 싶지 않은 고민을 비닐봉지에 버리라고 하는 이유는 무조건 고민을 공개하라고 하면 학생들이 진짜 고민을 적지 않을 수 있기 때문입니다. 이런 경우 내 고민을 친구들에게 공개하지는 않지만, 고민을 적고 검은 비닐봉지에 버려보는 활동을 통해 조금이나마 학생들의 마음이 후련해질 수 있도록 도울 수 있습니다.

(2) 고민 해결하기

함께 나누기로 한 노란 바구니에 담긴 고민 쪽지를 함께 읽어 보며 해결 방안에 대해 이야기를 나눠 봅니다. 친구들의 고민에 위로와 공감이 될 수 있는 말들을 붙임 쪽지에 적어 고민 쪽지 옆에 붙여 줍니다.

패들렛, 띵커보드 활용하기

패들렛의 '셸프'를 활용해 다양한 고민들을 큰 카테고리(컬럼)로 설정한 후 자신의 고민을 해당 부분에 자세히 적어 보아요. 그리고 친구들의 고민에 '좋아요' 표시를 눌러 보고, 해결 방안을 댓글로 적어 보세요.

● 활동 Tip

① 친구들에게 해결 방안을 제시할 때 자신의 경험을 바탕으로 해결 방안을 제시할 수 있도록 하면 더욱 좋습니다.

② 검은 비닐봉지에 넣은 고민 쪽지는 다른 학생들이 보지 않도록 정리해야 합니다.

③ 수업이 끝난 후 고민이 해결됐는지 확인을 통해 실생활과 연계한 교육을 할 수 있습니다.

7차시

'고민 해결하기' 수업 한눈에 보기

● 활동 방법

① **나의 고민 이야기하기** (ON 패들렛)

- 붙임 쪽지에 나의 고민 적어 보기
- 친구들과 공유하고 싶은 고민은 노란 바구니에, 그렇지 않은 고민은 구겨서 검은 비닐봉지에 버리기

② **고민 해결하기**

- 친구들의 고민에 해결책 제시해 보기 (ON 패들렛)
- 친구에게 위로와 공감이 될 수 있는 이야기하기

● 활동 사진

고민 해결하기 활동 사진 (1)

고민 해결하기 활동 사진 (2)

2.『딸기 우유 공약』

『딸기 우유 공약』(글 문경민, 그림 허구) 활용한 10차시 분량의 수업 자료(활동지 및 PPT)는 '크랩 블로그'에서 내려받기 할 수 있습니다.

* 블로그 주소: https://crab.tistory.com/

"딸기 우유가 뭐 어때서!"

"흰 우유는 징글징글해. 학교 급식 우유를 딸기 우유로 바꿀까 봐." 전교어린이회장 출마를 결심한 후 무심결에 내뱉은 이 말이 공약이 되면서 나현이는 '딸기 우유'와 관련된 친구들의 사연을 접하게 됩니다. 치매 할머니를 둔 북에서 온 소년 덕주, 새벽마다 고생하는 아빠가 안쓰러운 유라. 무슨 수를 써서라도 전교어린이회장이 되겠다는 시은이 등과 함께 여러 가지 일을 겪으며 선거 운동을 펼치는 내용의 책입니다.

여러분들은 어떤 방법으로 학급 임원 선거를 하시나요? 선거 공약만 보고 하는 블라인드 선거, 꼭 지킬 수 있는 선거 공약 한 가지만 제시하는 선거 등 다양한 방법으로 선거를 진행해 학급 임원을 선출해도 당선 후에는 공약이 지켜지지 않는 경우가 많습니다. 이 책을 통해 학생들이 학급 임원 선거를 할 때 '선거 공약과 실천 다짐을 보고 투표해야 한다는 것'을 이해할 수 있기를 바랍니다. 또한 책 속의 주인공이 전교어린이회장이 되기 위해 노력하며 성장하는 과정(친구와의 갈등, 새로운 친구와의 만남)을 살펴 보고 자신의 삶과 연관지어 보며 학생들도 성장할 수 있기를 바라는 마음으로 이 책을 선정했습니다.

❶ 1차시: 어떤 우유를 좋아하나요?(읽기 전)

평소 어떤 우유를 선호하는지 학생들의 생각을 들어 보고, 책의 제목이 왜 '딸기 우유 공약'인지 생각해보는 활동입니다. 그리고 나만의 우유 레시피를 만들고 디자인하는 활동을 통해 책에 관한 관심과 흥미를 높일 수 있습니다.

● 활동 방법

(1) 우유 선호도 조사

내가 가장 좋아하는 우유(예- 흰 우유, 딸기 우유, 바나나 우유 등)를 선정하고 자세한 맛 표현을 해보는 활동입니다. '맛있다'처럼 간단한 표현이 아니라, 예시 자료나 영상을 활용해 맛 표현을 자세하게 할 수 있도록 지도해야 합니다. 우유를 싫어하는 경우 음료수를 활용해도 좋습니다. (자세한 예시 자료는 블로그에 있습니다.)

(2) 나만의 우유 만들기

창의적 사고력을 발휘해 자신만의 새로운 우유 레시피와 우유갑 디자인을 하는 활동입니다. 우유의 레시피는 자신이 좋아하는 과일이나 식재료를 활용하면 됩니다. 우유갑 디자인을 할 때에 색의 주목성 또는 명시성을 높일 수 있는 색을 고려해 배치해 디자인할 수 있도록 안내하며 미술 수업과 연계할 수 있습니다. 활동 후에는 책 제목이 왜 '딸기 우유 공약'일지 생각하며 책 읽기 전 활동을 마무리합니다.

*** 교과 연계**
– 미술. 색의 속성에 대해 알아 보기 (색의 명시성, 주목성 활용)

에듀테크 ON 패들렛, 띵커보드 활용하기

나만의 우유를 공유하고 싶다면 패들렛(또는 띵커보드)을 활용해 보세요!
패들렛을 통해 실시간으로 학생들의 레시피 및 디자인을 공유할 수 있습니다.
좋아요, 댓글 기능을 활용해 맛있어 보이는 우유 레시피와 가장 사고 싶은 우유 디자인을 고를 수도 있습니다.

● 활동 Tip

① 다른 친구들이 먹고 싶어 할 우유, 내가 먹고 싶은 우유 등 먹을 수 있을만한 우유를 만들 수 있도록 지도해야 합니다.

② 본 차시 수업 전 미술 교과의 색의 특성과 관련된 수업을 미리 진행하시면 좋습니다.

1차시

'어떤 우유를 좋아하나요?' 수업 한눈에 보기

● 활동 방법

① **우유 선호도 조사**

- 자신이 가장 좋아하는 우유 이야기하기
  (우유를 싫어하는 경우 음료수로 대체)
- 자신이 좋아하는 우유 맛 표현하기(예시 영상 참고)

② **나만의 우유 만들기**

- 나만의 우유 재료 선택하기
- 나만의 우유 레시피 및 우유갑 디자인하기 (ON 패들렛)

*** 교과 연계**
- 미술. 색의 속성에 대해 알아 보기 (색의 명시성, 주목성 활용)

● 활동 사진

나만의 우유
레시피 및 디자인 (1)

나만의 우유
레시피 및 디자인 (2)

❷ 2차시: 메모하며 읽기(읽기 중)

하루에 학생들이 책을 읽을 수 있는 시간은 얼마나 될까요? 학교 수업, 학원 수업 등을 제외하면 많아야 1~2시간, 적으면 30분 이내 정도일 것입니다. 그렇기 때문에 200쪽 가까이 되는 책을 하루에 읽는 것은 쉽지 않을 것입니다. 책과 관련된 다양한 활동을 하려면 기본적으로 책 내용을 이해해야 합니다. 학생의 수준을 고려해 책 내용을 이해하는데 도움이 되는 질문들로 활동지를 구성했습니다. 본 차시는 3, 4차시의 밑바탕이 되는 수업입니다.

● 활동 방법

(1) 메모하며 읽기

활동지는 총 3장으로 구성돼 있으며, 총 14개 목차 중 책의 내용을 이해하는데 도움이 되는 목차 9개를 선정해 제시했습니다. 활동지를 미리 나눠준 후, 해당 목차를 읽을 때마다 초성퀴즈나 빈칸 넣기, 책 내용 요약하기 활동을 할 수 있도록 안내합니다.

패들렛, 띵커보드 활용하기

실시간으로 책의 내용을 확인하고 메모하면서 읽고 싶다면 패들렛을 활용해보세요! 패들렛을 통해 다른 친구들의 생각을 공유할 수 있어요.

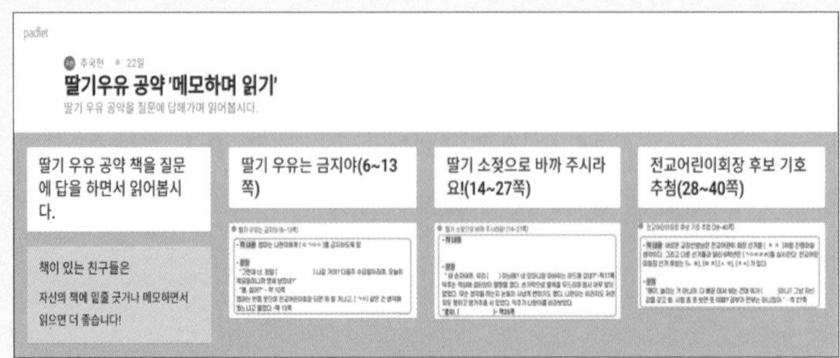

메모하며 읽기 패들렛

● 활동 Tip

① 책의 쪽수가 많으므로 자신이 읽을 목차를 하루에 2~3개 정도 정해서 계획적으로 읽을 수 있도록 지도하면 좋습니다.

② 활동지에 없는 목차는 직접 질문을 만들면서 내용에 대한 이해를 더욱 높일 수 있습니다.

2차시
'메모하며 읽기' 수업 한눈에 보기

● 활동 방법

① 메모하며 읽기

- 책을 읽을 때 활동지에 질문에 답하며 읽기 (ON 패들렛)
- 활동지에 없는 목차는 직접 질문 만들어 보기 (ON 패들렛)

● 활동지

( )초등학교 ( )학년 ( )반 ( )번 이름: ( )

딸기 우유 공약

메모하며 읽기(1)

* 책 내용을 정리하며 읽어봅시다.

● 딸기 우유는 금지야 (6~13쪽)

- 책 내용: 엄마는 나현이에게 (ㄸㄱㅇㅇ)를 금지함.

- 문장
"그런데 너, 정말 ( ) 나갈 거야? 다음주 수요일이라며, 오늘이 목요일이니까 엿새 남았네?"
"왜, 싫어?" - 책 10쪽
엄마는 반쯤 웃으며 전교어린이회장 되면 뭐 할 거냐고, (ㄱㅇ) 같은 건 생각해 뒀느냐고 물었다. -책 13쪽

● 딸기 소젖으로 바까 주시라요! (14~27쪽)

- 책 내용:

- 문장
덕주는 책상에 걸터앉아 팔짱을 꼈다. 손가락으로 팔뚝을 두드리며 잠시 아무 말이 없었다. 무슨 생각을 하는지 눈빛이 사납게 변하기도 했다. 나현이는 이러지도 저러지도 못하고 엉거주춤 서 있었다. 덕주가 나현이를 바라보았다.
"좋아, ( )- 책26쪽

● 전교어린이회장 후보 기호 추첨 (28~40쪽)

- 책 내용: 새로운 교장선생님은 전교어린이 회장 선거를 (ㅊ ㅈ)처럼 진행하실 생각이다. 그리고 다른 선거들과 달리 6학년은 (ㄱㅇㅌㄹㅎ)를 실시한다. 전교어린이회장 선거 후보는 ( ), ( ),( ), ( ) 가 있다.

- 문장
"에이, 놀리는 거 아니야. 다 배운 데서 보는 건데 뭐가 ( )이니? 그냥 자신감을 갖고 봐. 시험 좀 못 보면 또 어때? 공부가 전부는 아니잖아." - 책 27쪽

메모하며 읽기 활동지

❸ 3차시: 내용 확인하기(읽기 후)

『딸기 우유 공약』에서 학생들이 꼭 기억해야 할 내용은 전교어린이회장 선거를 둘러싼 다양한 사건들입니다. 주인공 '나현이가 전교어린이회장이 되고 싶은 이유'나 '딸기 우유를 공약으로 내세운 이유', '전교어린이회장 후보들의 선거 공약'등과 관련된 것들을 중점적으로 확인하면 책의 내용을 이해하는데 많은 도움이 될 수 있습니다.

● 활동 방법

(1) 퀴즈 만들기

학생들이 직접 내용을 확인할 수 있는 문제를 만들어 봅니다. 그리고 학생들에게 A4를 나눠주고 4등분을 합니다. 총 4개의 질문을 만들어 하나씩 4등분 한 종이의 앞면에 적고 뒷면에는 답을 적습니다.

(2) 퀴즈 풀기

준비가 끝나면 주어진 시간 동안(대략 5~10분) 돌아다니며 친구들과 서로 질문하고 답하는 활동을 진행하면 됩니다. 친구가 내 문제의 정답을 맞히면 문제 카드를 친구에게 주고 맞히지 못하면 카드를 주지 않습니다. 다음에는 내가 친구의 문제를 맞힙니다. 활동이 모두 끝나면 내가 가지고 있는 카드가 몇 개인지 확인하고 가장 많은 카드를 가지고 있는 학생이 1등이 됩니다.

카훗, 띵커벨 활용하기

카훗(또는 띵커벨)으로 재밌게 책의 내용을 확인해 보세요!
카훗(또는 띵커벨)은 빨리 맞추면 점수가 더 올라가기 때문에 학생들의 집중력을 높일 수 있어요.

● 활동 Tip

① 퀴즈를 만들 때 이야기의 구성 요소(인물, 사건, 배경), 인물의 말과 행동, 중요한 사건과 관련된 질문을 만들도록 지도합니다. (자세한 설명은 34쪽 참고)

② 카훗을 활용해 수업할 때 모둠 형태로 진행하는 경우 정답을 누르는 역할을 돌아가면서 할 수 있도록 안내합니다.

③ 크랩이 준비한 PPT를 활용해 골든벨 형태로 수업할 수도 있습니다.

④ 학생들이 만든 질문으로 활동을 먼저 하고, 그중 잘 만든 문제를 포함해 카훗 문제를 푸는 방법을 활용하면 좋습니다.

3차시

'내용 확인하기' 수업 한눈에 보기

● 활동 방법

① 퀴즈 만들기

- 학생들이 직접 문제(4문제) 만들어 보기 (활동지 활용)
- A4를 4등분해 앞면에는 질문, 뒷면에는 정답 적기
- 질문 만들기 자세한 설명은 34쪽 참고

② 퀴즈 풀기

- 친구에게 문제를 내서 맞추면 문제 카드를 주고 틀리면 주지 않기
- 그다음 내가 친구의 문제를 맞히기
- 활동(5~10분)이 끝나고 카드를 가장 많이 가지고 있는 학생이 승리
- 카훗이나 띵커벨로 퀴즈를 푼다면 점수가 가장 높은 팀이 승리
  (ON 카훗, 띵커벨)

● 활동 사진

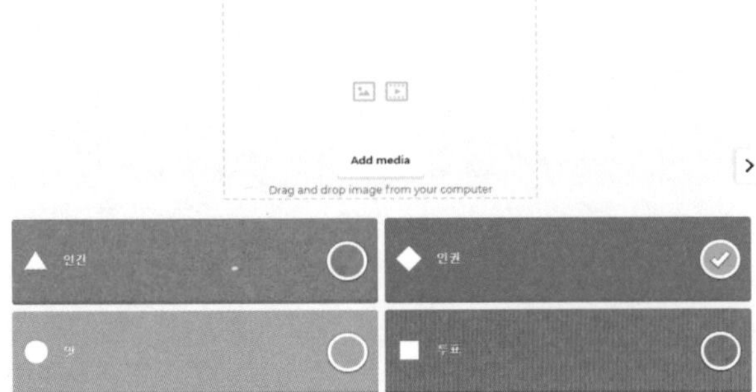

딸기 우유 공약 내용 확인하기 카훗

● 활동지

( )초등학교 ( )학년 ( )반 ( )번 이름: ( )

딸기 우유 공약 **내용 확인하기**

1. 생각, 마음, 상상 질문 알아보기

● '생각 질문'이란 무엇일까요?

눈에 보이지 않는 생각을 묻는 질문. '왜'가 들어가는 질문.
예) 신데렐라 - '왜' 새엄마와 새언니는 신데렐라를 괴롭혔을까요?

● '마음 질문'이란 무엇일까요?

눈에 보이지 않는 감정, 마음을 묻는 질문.
예) 신데렐라 - 새엄마와 새언니가 괴롭힐 때 신데렐라는 어떤 마음이었을까요?

● '상상 질문'이란 무엇일까요?

이야기를 상상하여 묻는 질문 만약에 나라면~, 만약에 ~하지 않았다면, 했다면
예) 신데렐라 - 만약에 내가 신데렐라라면 무도회를 갔을까요?

2. '딸기 우유 공약' 질문 만들어보기

● '생각, 마음, 상상 질문' 중 하나 만들어보고, 친구 질문에 답하기

질문의 종류: (생각질문 / 마음질문 / 상상질문)

질문:

( )가 적은 답:

내용 확인하기 활동지

❹ 4차시: 인물 소개서(읽기 후)

이야기 속에서는 인물 중심으로 사건들이 전개되기 때문에 책 내용을 떠올릴 때 가장 먼저 책 속의 등장 인물들을 떠올리게 됩니다. 이번 차시는 학생들이 '인물'들 중 한 명을 선택해 말, 행동 등을 바탕으로 인물을 자세히 파악하고 소개해보는 활동으로 구성했습니다.

● 활동 방법

(1) 인물 퀴즈 풀기

학생들이 인물 소개서를 만들기 전, 인물 소개서에 어떤 내용들이 들어가야 하는지 알 수 있도록 인물 퀴즈를 풀어 봅니다. 인물들의 성격이나 특징이 잘 드러난 말과 행동이 포함된 질문을 제시합니다. 예시와 같이 그 인물이 누구인지 분명하게 알 수 있는 말과 행동을 제시해 주는 것이 좋습니다.

〈인물 퀴즈 예시〉

인물 퀴즈:"야, 그게 날 도운거야? 너 좋고 나 좋자고 한 거지. 너도 학생 가려 뽑는 중학교 가고 싶다며."**(인물이 한 '말'제시)**

정답: 김시은

(2) 인물 소개서 만들기

등장 인물 중 한 명을 선택해 인물 소개서를 만듭니다. 인물 소개서를 만들기 전 필수적으로 들어가야 할 내용을 안내한 후 내가 추가로 넣고 싶은 내용도 포함할 수 있도록 안내합니다.

〈인물 소개서에 들어갈 내용〉

인물의 이름	인물의 말과 행동	인물의 성격	나와 인물의 성격 비교 (비슷한 점, 다른점)

인물 소개서를 만든 뒤에는 학생들이 만든 인물 소개서를 활용해 인물 퀴즈를 내보는 활동을 할 수 있습니다. 또는 작품을 교실 환경판에 전시하는 활동을 진행할 수도 있습니다.

*** 교과 연계**
- 6학년 1학기 국어 8단원. 인물의 삶을 찾아서
  (인물이 추구하는 사람의 가치를 나와 비교해보기)

에듀테크 ON 패들렛, 띵커보드 활용하기

자신이 만든 인물 소개서를 공유하고 싶다면 패들렛을 이용해보세요! 패들렛을 통해 작품을 공유하거나 댓글을 활용해 소개한 인물들에 대한 질문 및 답변을 할 수 있습니다.

● 활동 Tip

① 인물 선택 시 다양한 인물을 골고루 선택하기 위해 뽑기를 활용해 진행하는 것도 좋습니다.

② 인물 소개서 작성 후 자신과 같은 인물을 선택한 친구의 작품과 비교해보며 자신의 인물 소개서를 수정, 보완하는 활동을 추가해 진행할 수 있습니다.

4차시

'인물 소개서 만들기' 수업 한눈에 보기

● 활동 방법

① 인물 퀴즈 풀기

– 인물의 말과 행동을 퀴즈로 제시하기

② 인물 소개서 만들기

– 인물 소개서에 들어가야 할 내용 안내하기
(인물의 이름, 말과 행동, 성격, 나와 비슷한 점과 다른 점) – 인물 소개서 만들고 친구들과 공유하기 (ON 패들렛)

*** 교과 연계**

– 6학년 1학기 국어 8단원. 인물의 삶을 찾아서
(인물이 추구하는 사람의 가치를 나와 비교해보기)

● 활동 사진

인물 소개서–나현

인물 소개서–시은

⑤ 5차시: '나'설명서(읽기 후)

나현이에게 '딸기 우유'란 평소에 가장 좋아하는 음료이자 긴장했을 때 긴장을 풀어주는 소중한 것입니다. 학생들에게도 자신이 좋아하는 것과 싫어하는 것이 있을 것입니다. 이 활동을 통해 자신이 좋아하는 것을 '딸기 우유'로, 싫어하는 것을 '흰 우유'로 빗대어 표현해 보며 자기 자신에 대해 이해할 수 있습니다.

● 활동 방법

(1) '나' 설명서 만들기

나현이에게 '딸기 우유'와 '흰 우유'는 어떤 의미일지 학생들과 이야기를 나눕니다. 딸기 우유는 내가 좋아하는 것, 나에게 힘이 돼주는 것이고 흰 우유는 내가 싫어하는 것, 나를 힘들게 하는 것을 의미한다는 것을 이해해야 합니다. 그 다음, 내가 좋아하는 것은 어떤 것이고 내가 싫어하는 것은 어떤 것인지 파악해 '딸기 우유'와 '흰 우유'에 빗대어 표현합니다. 이를 바탕으로 '나'설명서를 만듭니다.

(2) '나' 설명서 감상하기

서로의 '나' 설명서를 감상해보는 시간을 가집니다. 친구들이 무엇을 좋아하는지, 싫어하는지에 대해 알아보며 서로 간의 이해를 높여 학급 내 긍정적인 관계 형성에 도움을 줄 수 있습니다.

*** 교과 연계**
– 6학년 1학기 국어 8단원. 인물의 삶을 찾아서
(인물이 추구하는 사람의 가치를 나와 비교해보기)

패들렛 , 띵커보드 활용하기

패들렛, 띵커보드를 통해 서로의 작품을 공유할 수 있어요. 또는 자신이 좋아하는 것과 싫어하는 것을 담벼락에 적어 보며 간단하게 활동을 진행할 수도 있어요.

5차시
''나' 설명서' 수업 한눈에 보기

● 활동 방법

① 나 설명서 만들기

- 나에게 딸기 우유(좋아하는 것)과 흰 우유(싫어하는 것)이 무엇인지 생각해보기
- 다양한 표현을 활용해 '나' 설명서 만들기

② 나 설명서 감상하기

- 친구들의 작품 감상하며 서로에 대한 이해 높이기 (ON 패들렛)

> *** 교과 연계**
> - 6학년 1학기 국어 8단원. 인물의 삶을 찾아서
>   (인물이 추구하는 사람의 가치를 나와 비교하기)

● 활동 사진

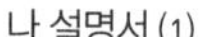
나 설명서 (1)

나 설명서 (2)

❻ 6차시: 나의 선택은?(읽기 후)

민주 시민이 되기 위한 첫걸음인 선거에 대해 깊이 생각해볼 수 있는 수업입니다. 딸기 우유 공약에서 총 4명의 전교어린이회장 후보가 나옵니다. 후보들의 공약들을 살펴 보고 내가 만약 '딸기 우유 공약' 책 속의 학생이라면 어떤 공약을 뽑아야 하는지 생각하는 수업입니다.

● 활동 방법

(1) 공약 살펴 보기

부산시 기장군에 있는 '대변초등학교'의 전교어린이회장이 학교 이름을 변경한 이야기가 담긴 영상을 보여주며 공약을 실제로 지킨 사례를 보여줍니다. 그다음, '딸기 우유 공약'에서 나온 세 후보들의 선거 공약을 정리합니다.

〈등장 인물들의 선거 공약〉
기호 1번 박미주: '놀,놀,놀 놀자!' 쉬는 시간을 늘리고 점심시간에 체육관 등을 개방하기
기호 3번 최나현:'우유선택권' 학생들의 인권 보호를 위해 우유를 선택해 마시기
기호 4번 김시은: '학교 폭력 꼭 없애겠습니다!' 전교어린이회 임원들과 함께 욕하는 사람 없애기

*** 교과 연계**

– 6학년 국어 4단원 주장과 근거를 판단해요.
(내용의 타당성과 적절성 판단하기)

(2) 피라미드 토론하기

피라미드 토론을 하며 세 후보의 공약 중 하나의 공약을 선택하는 활동입니다. 피라미드 토론이란 모든 학생들이 각자의 의견을 가지고 시작해 짝–모둠–반의 단계를 거쳐 토너먼트처럼 의견을 좁혀 나가는 토론 방식을 말합니다. 학생들이 자신이 선택한 공약과 그 이유를 붙임 쪽지에 적은 후 짝, 모둠, 반 전체 넓혀가며 하나의 의견을 선택하면 됩니다. 이때, 선택 기준에 대해 미리 이야기를 나누어야 원활하게 토론을 진행할 수 있습니다.

〈선택 기준 예시〉

– 주장과 근거(공약을 선택한 이유)가 논리적인가?
– 실천 가능한 공약인가?
– 실천 방법이 적절한가?

*** 교과 연계**

– 6학년 2학기 국어 5단원 글에 담긴 생각과 비교해요.
(자신의 생각과 상대방의 생각을 비교하며 토론하기)

패들렛, 띵커보드 활용하기

피라미드 토론 과정을 패들렛으로 공유할 수 있어요!
모둠별로 어떤 공약을 선택하는지 확인하고 그 선거 공약을 선택한 이유를 참고해 내 의견을 보충할 수 있습니다. 선택된 의견들은 게시물들의 색깔을 다르게 하면 진행 과정을 더 쉽게 확인할 수 있습니다.

● 활동 Tip

① 선거 공약을 지킨 사례들을 보여주고 학생들이 선거 공약을 지키는 것의 중요성을 알려주는 것이 좋습니다.

(부산 기장군 '대변초' 학교명 변경 사례)

② 피라미드 토론 시 가위바위보 같은 방법을 활용해 의견을 선택할 수 있으니 사전에 선택 기준에 대해 이야기하며 올바른 방법으로 의견을 모을 수 있도록 지도해야 합니다.

6차시

'나의 선택은?' 수업 한눈에 보기

● 활동 방법

① 공약 살펴 보기

– 예시 영상을 통해 선거 공약을 지킨 사례 알아 보기
– 세 후보의 선거 공약 정리하기

*** 교과 연계**
– 6학년 1학기 국어 4단원 주장과 근거를 판단해요.
(내용의 타당성과 적절성 판단하기)

② 피라미드 토론하기 (ON 패들렛)

– 선택 기준에 따라 피라미드 토론하기 (짝, 모둠, 반 전체)

〈선택 기준 예시〉

– 주장과 근거(공약을 선택한 이유)가 논리적인가?
– 실천 가능한 공약인가?
– 실천 방법이 적절한가?

*** 교과 연계**
– 6학년 2학기 국어 5단원 글에 담긴 생각과 비교해요.
(자신의 생각과 상대방의 생각을 비교하며 토론하기)

피라미드 토론 설명 영상

● 활동지

(　　　)초등학교 (　)학년 (　)반 (　)번 이름: (　　)

딸기 우유 공약

나의 선택은?

1. '딸기우유공약' 책에서 후보들의 공약을 살펴봅시다.

● 후보들의 선거 공약 및 실천 방법

박미주	
최나현	
김시은	

● 나의 선택은?

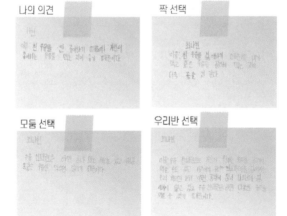

나의 의견

짝 선택

모둠 선택

우리반 선택

피라미드 토론 활동지

❼ 7~8차시: 선거 공약 포스터 만들기(읽기 후)

책의 주인공처럼 내가 전교어린이회장에 출마하게 된다면 어떨까요? 공약을 잘 세워서 당선이 된다면 얼마나 좋을까요? 우리 반 모든 학생들이 전교어린이회장을 꿈꿔볼 수 있도록 선거 공약 포스터 만들기 수업을 준비했습니다. 학생들은 선거 공약을 만들고, 실천 가능성을 판단하는 활동을 통해 주인공의 마음에 공감할 수 있습니다. 또한 6학년 사회와 연계해 내가 다니고 있는 학교에 관심을 가지고 불편함을 찾아보며 생활 속에서 민주주의를 실천해 볼 수 있습니다.

● 활동 방법

(1) 공약 세우기

어떤 공약이 좋은 공약일까요? 실제로 학생들이 생활하면서 불편한 점들이나 필요한 점들을 찾아보고 그것을 해결할 수 있는 공약이 좋은 공약일 것입니다. 우리 학교의 불편한 점, 개선해야 할 점들을 찾아보고 그것을 해결할 수 있는 공약을 생각해 봅니다. 공약을 정하고 난 뒤, 자신이 세운 선거 공약의 이유와 실천 방법을 쓸 수 있게 지도하면 됩니다.

*** 교과 연계**

- 6학년 1학기 사회. 생활 속에서 민주주의를 실천하는 태도 갖기
- 6학년 1학기 국어 3단원 짜임새 있게 구성해요. (자료를 활용해 발표하기)
- 6학년 2학기 국어 4단원 효과적으로 발표해요. (효과적인 발표 자료 만들기)
- 6학년 2학기 국어 5단원 글에 담긴 생각과 비교해요. (자신의 생각과 상대방의 생각을 비교하며 토론하기)

(2) 선거 공약 포스터 만들기

자신이 세운 공약과 그 이유, 실천 방법 등이 잘 드러나도록 선거 포스터를 만들어 봅니다. 그리고 자신이 만든 선거 공약을 스스로 평가합니다.

〈선거 공약 평가 기준 예시〉

- 이 공약의 장점은?
- 이 공약의 단점은?
- 이 공약의 실천 가능성은?
- 많은 사람들에게 도움이 되는 공약인가?

친구들의 선거 공약들도 위의 기준을 바탕으로 평가합니다. 그리고 학급 친구들끼리 투표를 해 가장 좋은 선거 포스터를 뽑아 봅니다.

미리캔버스 활용하기

미리캔버스로 포스터 디자인을 쉽고 편리하게 할 수 있어요! 미리캔버스의 다양한 디자인 요소 덕분에 학생들은 공약 문구 및 실천 방법만 고민하면 됩니다. 기존의 템플릿을 활용해도 되고, 디자인 요소들을 조합해 인상 깊은 선거 포스터를 만들어 보아요!

포스터

● 활동 Tip

① 선거 공약을 세울 때 평소 학교에서 불편한 점들을 마인드 맵으로 작성하게 한 후 공약을 정하면 좋습니다.

② 선거 공약에 대한 공정한 평가를 위해 다른 학급의 학생들이 투표하게 하는 방법 등을 활용할 수 있습니다.

③ 학급의 상황에 따라 모둠, 짝, 개인 활동 중 하나의 방법을 선택해 수업을 진행하시면 됩니다.

7~8차시

'선거 공약 포스터 만들기' 수업 한눈에 보기

● 활동 방법

① 공약 세우기

- 학교생활에서 불편했거나 필요하다고 느낀 점들을 해결할 수 있는것을 공약으로 세우고 이유 및 실천 방법 생각하기

*** 교과 연계**

- 6학년 1학기 사회. 생활 속에서 민주주의를 실천하는 태도 갖기
- 6학년 1학기 국어 3단원 짜임새 있게 구성해요. (자료를 활용해 발표하기)
- 6학년 2학기 국어 4단원 효과적으로 발표해요. (효과적인 발표 자료 만들기)

---

② 선거 포스터 만들기 (ON 미리캔버스)

- 선거 공약 및 이유, 실천 방법이 잘 드러나게 포스터 만들기
- 선거 공약을 기준에 맞게 평가해보기
- 선거 포스터 투표하기(우리 반 또는 다른 학급 활용)

● 활동 사진

선거 공약 포스터

❽ 9차시: 재미있는 선거 공약 포스터 만들기(읽기 후)

즐거운 학교를 만들기 위한 재미있는 공약들을 생각해 보고 공약을 제시한 이유 및 장점, 실천 방안 등을 생각해보는 활동입니다. 이번 차시는 전 차시와 다르게 실천 가능한 공약보다는 다른 학생들이 좋아할만한 엉뚱하고 기발한 공약들을 제시할 수 있도록 구성했습니다.

● 활동 방법

(1) 재미있는 공약 세우기

즐거운 학교를 만들기 위한 공약들을 찾아 봅니다. 학생들이 가장 원하는 것은 무엇인지, 학교에서 가장 하고 싶은 것은 무엇인지 등을 생각하게 지도합니다.

예를 들어 '쉬는 시간에 핸드폰을 사용하자.'와 같이 평소에 할 수 없었던 것들도 자유롭게 공약을 제시할 수 있도록 허용적인 분위기를 만들어 줍니다. 선거 공약에 대한 제한 사항은 없지만, 그 공약을 제시한 이유와 실천 방안은 구체적이고 자세하게 적을 수 있도록 안내합니다.

(2) 재미있는 선거 공약 포스터 만들기

7-8차시에서 만들었던 선거 공약 포스터와 달리 9차시 수업에서는 다양한 형태로 만들 수 있도록 안내합니다. 특별한 형식 없이

'딸기 우유 공약'에서 나현이와 덕주가 함께 만든 '만화 형식'의 포스터와 같이 다양한 방법을 활용해 선거 공약 포스터를 만들 수 있도록 지도합니다.

*** 교과 연계**
- 6학년 1학기 국어 3단원 짜임새 있게 구성해요.
  (자료를 활용해 발표하기)
- 6학년 2학기 국어 4단원 효과적으로 발표해요.
  (효과적인 발표 자료 만들기)

에듀테크 ON 미리캔버스 활용하기

선거 포스터

미리캔버스로 포스터 디자인을 쉽고 편리하게 할 수 있어요! 미리캔버스의 다양한 디자인 요소 덕분에 학생들은 공약 문구 및 실천 방법만 고민하면 됩니다. 기존의 템플릿을 활용해도 되고, 디자인 요소들을 조합해 인상 깊은 선거 포스터를 만들어 보아요!

● 활동 Tip

① 학생들이 학교에 원하는 것, 하고 싶은 것들을 알아 보기 위해 수업 전 간단한 설문조사를 실시하면 재미있는 공약을 만드는 데 도움이 됩니다. (ON 멘티미터)

② 허용적인 분위기로 수업을 하되, 선거 공약의 이유와 실천 방안을 자세히 적고 학생들의 요구나 필요사항이 담긴 공약을 세울 수 있도록 안내합니다.

9차시
'재미있는 선거 공약 포스터 만들기' 수업 한눈에 보기

● 활동 방법

① 재미있는 공약 세우기

- 학생들이 원하는 것, 가장 하고 싶은 것을 고려해 공약 정하기
- 이 공약을 선정한 이유 및 실천방안 적기

② 재미있는 선거 공약 포스터 만들기 (ON 미리캔버스)

- 다양한 방법으로 선거 공약 포스터 만들기 (만화, 초대장, 카드 뉴스 등)

*** 교과 연계**

- 6학년 1학기 국어 3단원 짜임새 있게 구성해요.
  (자료를 활용해 발표하기)
- 6학년 2학기 국어 4단원 효과적으로 발표해요.
  (효과적인 발표 자료 만들기)

● 활동 사진

재미있는 선거 공약 포스터 (1)

재미있는 선거 공약 포스터 (2)

⑨ 10차 시 - 뒷이야기 상상하기 (읽기 후)

'딸기 우유 공약'책에서는 누가 전교어린이회장에 당선됐는지, 나현이는 과연 공약을 고쳤을지 등이 나오지 않고 열린 결말로 마무리 됩니다. 이 차시는 학생들이 책의 뒷이야기를 상상해보며 상상의 즐거움을 느낄 수 있는 활동으로 구성했습니다.

● 활동 방법

(1) 책 내용 확인하기

뒷이야기를 상상 할 때는 책의 마지막 부분을 다시 한 번 정리해 보고 앞의 내용과 자연스럽게 이어질 수 있도록 쓸 내용을 정리할 수 있게 지도해야 합니다. 먼저, 원인과 결과를 정하고 이야기에 살을 붙이는 형태로 진행하면 쉽게 뒷이야기를 상상할 수 있습니다.

〈책의 마지막 부분 정리하기〉

- 선거 공약 토론회에서는 어떤 일이 있었나요?
- 왜 나현이는 '당선 미리 축하해'라는 문자를 받게 됐나요?
- 유라는 나현이에게 어떤 부탁을 했나요?

(2) 뒷이야기 상상하기

책의 뒷부분 내용을 확인하고 아직 결론이 나지 않은 부분 중 이야기의 흐름과 어울리게 뒷이야기를 상상할 수 있습니다.

〈뒷이야기를 상상할 때 고려해야 할 부분〉

- 선거의 결과는 어떻게 됐을까요?
- 나머지 후보자(시은, 미주, 찬솔)는 어떻게 됐을까요?
- 나현이와 덕주는 어떤 사이가 됐을까요?
- 유라 아버지가 덜 힘드시면서 공약을 지킬 방법은 무엇일까요?

뒷이야기 상상하기 수업은 허용적인 분위기에서 진행되는 것이 좋지만, 자극적인 내용, 재미있는 내용 중심으로만 흘러가지 않도록 교사의 사전 지도가 필요합니다.

*** 교과 연계**
- 6학년 1학기 국어 1단원 작품 속 인물과 나.
  (자신이 꿈꾸는 삶을 작품으로 표현하기)

● 활동 Tip

① 그림, 만화 등으로 표현해도 됩니다. 학급의 상황에 맞게 활동 방법을 선택하셔서 진행하시면 됩니다.

② 모둠별로 역할을 나눠 진행할 수 있습니다. 모둠원들과 협력을 통한 상상하기를 통해 그림, 글, 만화 등으로 표현할 수 있습니다.

패들렛 활용하기

패들렛으로 뒷이야기 상상하기를 공유할 수 있어요! 혼자서 완성된 글을 공유할 수도 있고, 모둠별로 주제를 나눠서 하나의 글로 완성할 수 있습니다. 뒷이야기를 상상하기 전 다양한 아이디어 공유를 위해서도 활용할 수 있습니다.

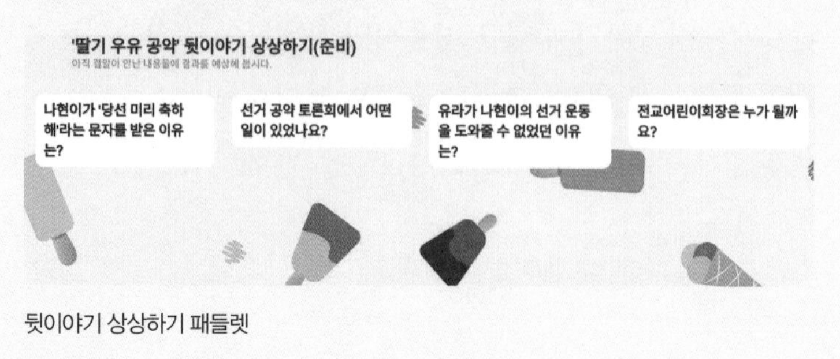

뒷이야기 상상하기 패들렛

10차시

'뒷이야기 상상하기' 수업 한눈에 보기

● 활동 방법

① 책 내용 확인하기

– 책의 마지막 부분 확인하기

– 원인과 결과를 정해보고 이야기에 살 붙이기

〈책의 마지막 부분 정리하기 예시〉

– 선거 공약 토론회에서는 어떤 일이 있었나요?
– 왜 나현이는 '당선 미리 축하해'라는 문자를 받게 됐나요?
– 유라는 나현이에게 어떤 부탁을 했나요?

② 뒷이야기 상상하기

– 글, 그림, 만화 등 자유롭게 표현하기 (ON 패들렛)
(모둠 활동으로도 가능)

〈뒷이야기를 상상할 때 고려해야 할 부분〉

– 선거의 결과는 어떻게 됐을까요?
– 나머지 후보자(시은, 미주, 찬솔)는 어떻게 됐을까요?
– 나현이와 덕주는 어떤 사이가 됐을까요?
– 유라 아버지가 덜 힘드시면서 공약을 지킬 방법은 무엇일까요?

*** 교과 연계**
– 6학년 2학기 국어 1단원 작품 속 인물과 나.
(자신이 꿈꾸는 삶을 작품으로 표현하기)

● 활동 사진

( )초등학교 ( )학년 ( )반 ( )번 이름: ( )

딸기우유공약

뒷이야기 상상하기

3. 그림, 글, 만화로 표현하기

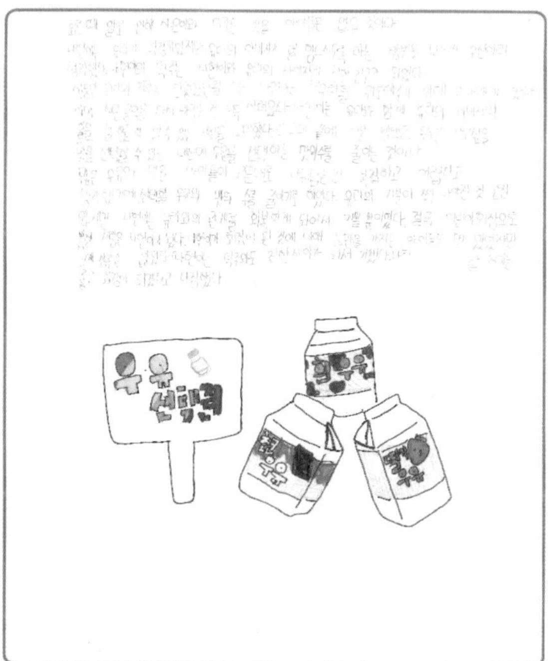

뒷이야기 상상하기 활동지

3.『정의의 악플러』

『정의의 악플러』(글 김혜영, 그림 이다연)을 활용한 10차시 분량의 수업 자료(활동지 및 PPT)는 '크랩 블로그'에서 내려받을 수 있습니다.
* 블로그 주소: https://crab.tistory.com/

"이 열쇠는 뭐든지 열 수 있어. 어떤 문이든, 어떤 벽이든 너를 가로막는 모든 걸 열 수 있지."

『정의의 악플러』는 주인공 준하가 우연히 다른 사람의 마음을 볼 수 있는 열쇠를 가지게 되면서 시작됩니다. 이 열쇠를 통해 알게 된 다른 사람의 약점을'정의의 악플러'라는 이름으로 온라인에 폭로합니다. 준하가 아무 이유 없이 폭로 글을 쓴 것은 아닙니다. 자신과 친구들을 괴롭히는 영운이, 친구들에게 자신과 관련된 거짓말을 하는 다희 등 잘못한 행동을 한 사람에게 책임을 지게 하기 위해서였습니다.

정의로운 악플이 있을까요? 이 책은 악플을 받는 사람뿐만 아니라 악플을 쓰는 사람의 마음도 자세하게 묘사하고 있습니다. 이를 통해 학생들은 어떤 것이 정의로운 행동인지 스스로 생각해 볼 수 있습니다. 또한 학생들과 온라인 공간에서 일어나는 문제와 올바른 태도에 대해 이야기 해볼 수 있습니다.

익명이란 이유로 누군가에게 함부로 내뱉는 말들이 그 사람에게 어떤 피해를 주는지, 나에게는 어떻게 되돌아오는지를 생각하길 바라는 마음에서 이 책을 선정하게 됐습니다.

❶ 1차시: 책 퍼즐로 상상하기(읽기 전)

교사가 제시한 책 퍼즐을 바탕으로 책의 내용을 상상해보는 활동입니다. 책 퍼즐이란 책의 내용을 파악하는 데 도움을 주는 문장들을 발췌해 모아둔 것입니다. 학생들은 자신의 책 퍼즐 및 모둠 친구의 책 퍼즐을 바탕으로 책의 내용을 상상해서 적어 봅니다. 정보의 공백을 자신의 상상력으로 채워보며 책에 흥미를 더할 수 있습니다. 또한 나중에 책을 읽을 때 내가 상상한 내용과 책의 실제 내용을 비교하며 읽을 수 있어, 읽기 전 활동으로 추천합니다.

● 활동 방법

(1) 책 퍼즐 선정하기

책 퍼즐로 어떤 문장을 선택해야 할까요? 이야기 진행에 있어서 중요한 문장(사건의 진행에 힌트가 될 수 있는 부분, 사건과 관련된 중요한 인물의 말과 행동)들을 선정해야 합니다. 예를 들면 "엄마 또 내 말 못 믿어? 내가 거짓말한다고 생각하지?"를 책 퍼즐로 선정한다면, 학생들은 여러 인물 중 한 명이 평소에 거짓말을 자주 한다는 것을 유추

할 수 있습니다.

책 퍼즐을 선정할 때 주의할 점은 너무 결정적인 내용이 담긴 문장은 제외해야 한다는 것입니다. 예를 들어, '준하는 정의의 악플러라는 이름으로 글을 올렸다.'라는 문장은 정의의 악플러가 누구인지 바로 알 수 있어 선정하지 않는 것이 좋습니다.

〈'정의의 악플러' 책 퍼즐 예시〉

"이 열쇠는 뭐든지 열 수 있어." "뭐든지?" "그래. 어떤 문이든, 어떤 벽이든 너를 가로막는 모든 걸 열 수 있지."
어른들의 눈길이 미치지 않는 곳에서 영운이는 항상 아이들을 괴롭혔다.
영운이 눈을 똑바로 마주한 순간, 준하는 가슴 한가운데가 차가워지는 것을 느꼈다. 손을 가슴에 대자 목걸이에 걸린 열쇠가 만져졌다.
순간 어린 영운이에게 느꼈던 가여운 마음이 싹 사라졌다. 준하는 미끄럼틀 밑에 숨어서 울던 어린 영운이의 모습을 떠올렸다.

책 퍼즐

(2) 책 퍼즐로 내용 상상하기

학생 1명당 1개의 책 퍼즐을 나누어줍니다. 학생들은 자신이 받은 책 퍼즐 및 모둠 친구들의 책 퍼즐 3~4개를 모아 살펴 보며 책의 등장 인물, 등장 인물의 성격, 중요한 사건은 무엇일지 유추합니다. 유추한 내용을 바탕으로 책의 줄거리를 상상해 글로 표현합니다.

*** 교과 연계**
- 6학년 1학기 국어 6단원. 내용을 추론해요
(말이나 행동에서 드러나지 않은 내용 짐작하기)

(3) 상상한 내용 공유하기

책 퍼즐을 바탕으로 상상한 내용을 모둠원들과 바꿔 읽어 봅니다. 이 활동을 통해 학생들은 같은 책 퍼즐을 가지고도 각자 상상한 내용이 다양함을 알 수 있습니다. 재미있는 글은 전체 학생들과 공유해보며 활동을 마무리합니다.

패들렛 활용하기

책 퍼즐을 공유하고 싶다면 패들렛을 활용해보세요!
패들렛을 통해 책 퍼즐 제공한다면 다른 친구들의 책 퍼즐들을 쉽게 참고해 줄거리를 예상해볼 수 있어요. 모둠활동이 힘들거나 온라인 수업을 할 때 활용하기 좋아요. 패들렛에 책 퍼즐 번호를 붙인 후 각 개인에게 번호를 지정해 주어 책 퍼즐로 알게 된 사실을 정리해 본 뒤, 친구들의 퍼즐을 참고해 전체 줄거리를 상상해 보아요.

● 활동 Tip

- 학생들이 책 퍼즐만으로 상상하기 어려워하는 경우 책 표지와 등장 인물을 안내해주면 됩니다.

1차시

'책 퍼즐로 상상하기' 수업 한눈에 보기

● 활동 방법

① 책 퍼즐 선정하기

– 사건에 힌트가 될 수 있는 부분, 사건과 관련된 인물의 말과 행동들을 책 퍼즐로 선정하기

– 너무 결정적인 내용이 담긴 문장은 선정하지 않기

〈'정의의 악플러' 책 퍼즐 예시〉

"이 열쇠는 뭐든지 열 수 있어." "뭐든지?" "그래. 어떤 문이든, 어떤 벽이든 너를 가로막는 모든 걸 열 수 있지."
어른들의 눈길이 미치지 않는 곳에서 영운이는 항상 아이들을 괴롭혔다.
영운이 눈을 똑바로 마주한 순간, 준하는 가슴 한가운데가 차가워지는 것을 느꼈다. 손을 가슴에 대자 목걸이에 걸린 열쇠가 만져졌다.
순간 어린 영운이에게 느꼈던 가여운 마음이 싹 사라졌다. 준하는 미끄럼틀 밑에 숨어서 울던 어린 영운이의 모습을 떠올렸다.

책 퍼즐

② 책 퍼즐로 내용 상상하기

– 자신의 책 퍼즐과 모둠 친구들의 책 퍼즐을 살펴 보며 등장 인물, 등장 인물의 성격, 중요 사건 유추하기 (ON 패들렛)

– 유추한 내용을 바탕으로 책의 내용 상상해서 적어 보기

*** 교과 연계**

– 6학년 2학기 국어 6단원. 내용을 추론해요 (말이나 행동에서 드러나지 않은 내용 짐작하기)

● 활동 사진

책 퍼즐로 상상하기 

1. 책 퍼즐 정리하기

● 내가 받은 책 퍼즐과 친구들의 책 퍼즐을 적어봅시다.

내가 받은 책퍼즐	문득 영준이에게도 같은 방식을 적용해 봐야겠다는 생각이 들었다 직접 대면이 아닌 온라인상의 대결
([illegible])의 책퍼즐	준하는 화가 치밀었다 다희는 준우, 자기를 괴롭히기 위해서 거짓말을 하는 것 뿐이라는 생각이 들었다
([illegible])의 책퍼즐	아이들은 정의의 악플러 덕분에 영준이가 다른 아이들을 괴롭히지 않게 되었다며 정의의 악플러를 지지했다.
([illegible])의 책퍼즐	영준이 눈을 똑바로 마주한 순간, 준하는 가슴 한가운데가 차가워지는 것을 느꼈다 손을 가슴에 대자 목걸이에 걸린 열쇠가 만져졌다
([illegible])의 책퍼즐	영준이가 말을 하자 아이들은 약속이나 한 듯이 침묵했다

2. 책 퍼즐로 알게 된 사실 정리하기

● 누가 나오나요? 영준, 준하, 다희

● 어떤 상황인가요?

영준이가 악플러를 찾아다니는 상황

● 무슨 일이 있었나요?

영준이가 악플러를 찾아다니면서 사건을 조사하는 일

책퍼즐 활동지

❷ 2차시: 퀴즈로 내용 확인하기(읽기 후)

『정의의 악플러』에서 학생들이 꼭 기억해야 할 내용은 '준하가 어떻게 열쇠를 가지게 되는지', '정의의 악플러가 쓴 글로 인해 다른 사람들이 어떻게 됐는지', '준하는 이 문제를 해결하기 위해 어떻게 행동했는지' 등입니다. 이를 바탕으로 한 내용과 관련된 내용들을 중점적으로 확인하면 책의 내용을 이해하는 데 많은 도움이 될 수 있습니다.

● 활동 방법

(1) 퀴즈 만들기

학생들이 직접 문제를 만듭니다. '준하는 열쇠를 통해 영운이의 어떤 기억을 보았나요?'와 같은 질문들을 만들면 됩니다. 그리고 학생들에게 A4를 나눠주고 4등분을 합니다. 총 4개의 질문을 만들어 하나씩 4등분한 종이의 앞면에 적고 뒷면에는 답을 적습니다.

('질문 만들기'에 대한 자세한 설명은 34쪽을 확인하세요.)

(2) 퀴즈 풀기

준비가 끝나면 주어진 시간 동안(대략 5~10분) 돌아다니며 친구들과 서로 질문하고 답하는 활동을 진행하면 됩니다. 친구가 내 문제의 정답을 맞히면 문제 카드를 친구에게 주고 맞히지 못하면 카드를 주지 않습니다. 다음에는 내가 친구의 문제를 맞힙니다. 활동이 모두 끝나면 내가 가지고 있는 카드가 몇 개인지 확인하고 가장 많은 카드를 가지고 있는 학생이 1등이 됩니다.

카훗, 띵커벨 활용하기

카훗 또는 띵커벨을 이용해 개인 또는 짝, 모둠 형태로 퀴즈를 풀어 보세요. 정답을 빨리 맞출수록 더 많은 점수를 얻을 수 있어 더욱 재밌게 퀴즈를 풀 수 있습니다.

● 활동 Tip

① 퀴즈를 만들 때 이야기의 구성 요소(인물, 사건, 배경), 인물의 말과 행동, 중요한 사건과 관련된 질문을 만들도록 지도합니다. (자세한 설명은 34쪽 참고)

② 카훗을 활용해 수업할 때 모둠 형태로 진행하는 경우 정답을 누르는 역할을 돌아가면서 할 수 있도록 안내합니다.

③ 크랩이 준비한 PPT를 활용해 골든벨 형태로 수업할 수도 있습니다.

④ 학생들이 만든 질문으로 활동을 먼저 하고, 그 중 잘 만든 문제를 포함해 카훗 문제를 푸는 방법을 활용하면 좋습니다.

2차시
‘퀴즈로 내용 확인하기’ 수업 한눈에 보기

● 활동 방법

① 퀴즈 만들기

- 학생들이 직접 문제 만들어 보기(질문 4개 만들기)
- A4를 4등분해 앞면에는 질문, 뒷면에는 정답 적기
- 질문 만들기 자세한 설명은 34쪽 참고

② 퀴즈 풀기

- 친구에게 문제를 내서 맞추면 문제 카드를 주고 틀리면 주지 않기
- 그 다음 내가 친구의 문제를 맞히기
- 활동(5~10분)이 끝나고 카드를 가장 많이 가지고 있는 학생이 승리
- 카훗이나 띵커벨로 퀴즈를 푼다면 점수가 가장 높은 팀이 승리
  (ON 카훗, 띵커벨)

● 활동 사진

악플러
정의의 악플러
0 favorites 12 plays 114 players
A public kahoot
'정의의 악플러' 내용 확인 퀴즈입니다

jinazznag
Created 4 months ago
New to Kahoot!?
Welcome! You can play this game as a g
account. Sign up to save game results, s
awesome kahoots, create your own or d
existing ones!
Questions (11)
1 - True or false
주인공의 이름은 '윤준하'다.
2 - Quiz
준하가 태오에게 받은 목걸이의 특징이 아닌 것은?

정의의 악플러 내용 확인하기 카훗

❸ 3차시: 단어로 요약하기(읽기 후)

『정의의 악플러』의 핵심 단어를 바탕으로 책 내용을 요약하는 활동입니다. 책을 읽은 후 내용을 요약하는 활동은 읽기 후 활동으로 필수적이지만, 의외로 많은 학생들이 어려워하는 활동이기도 합니다. 학생들과 함께 책의 중요한 단어 7~8개를 고르고, 그 단어들을 넣어 책 내용을 요약하는 활동을 통해 학생들은 책의 내용을 좀 더 쉽게 정리할 수 있습니다.

● 활동 방법

(1) 핵심 단어 찾기

학생들은 책을 다시 읽으며, 각자 중요하다고 생각하는 핵심 단어를 7~8개 정도 찾아 봅니다. 단어를 고를 때에는 책에서 일어나는 사건들이나 인물의 말과 행동, 삽화 등을 참고해서 고를 수 있도록 합니다. 고른 단어를 하나씩 붙임 쪽지에 적습니다.

(2) 핵심 단어 선정하기

[활동 1]에서 적은 붙임 쪽지들을 칠판 앞에 붙입니다. 비슷한 단어끼리 묶어 보고 학생들이 많이 적은 7~8개의 단어를 우리 반의 핵심 단어로 선정합니다. 혹은 모둠활동으로 진행해 모둠원끼리 자신이 고른 핵심 단어를 공유하고, 모둠의 핵심 단어를 선정할 수도 있습니다.

〈정의의 악플러 핵심 단어 예시〉

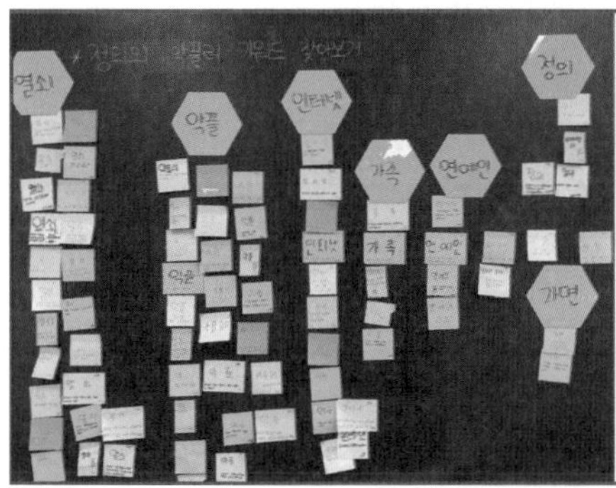

거짓말, 악플러, 준하,
열쇠, 영운, 다희, 열쇠

핵심 단어 찾아보기

멘티미터 활용하기

다른 친구들이 찾은 단어를 실시간으로 보고 싶다면 멘티미터의 'Word cloud'를 활용해요. 학생들이 책의 핵심 단어 7~8개를 적어 입력하면, 많이 입력된 단어들의 크기가 커집니다. 이 활동을 통해 학생들은 직관적이고 빠르게 책의 키워드를 고를 수 있습니다.

중요 키워드 – 멘티미터

(3) 책 내용 요약하기

고른 핵심 단어들을 넣어 책의 줄거리를 요약합니다. 이때 핵심 단어에는 색깔 펜으로 표시해 주며 글을 적으면 좋습니다. 요약한 글을 서로 읽으며 부족한 부분을 채울 수 있도록 합니다.

*** 교과 연계**
- 5학년 2학기 국어 7단원. 중요한 내용을 요약해요 (글의 구조에 따라 요약하기)
- 6학년 1학기 국어 2단원. 이야기를 간추려요 (이야기를 읽고 요약하기)

패들렛 활용하기

다른 친구들이 쓴 글을 빠르게 보고 싶다면 패들렛의 '담벼락'을 활용해요. 좋아요(♥)나 댓글 기능을 활용해 친구의 글을 칭찬해보는 것도 좋습니다.

● **활동 Tip**

① 이번 차시 활동을 진행하기 전에 '흥부와 놀부' 같은 쉬운 책으로 핵심 단어 찾는 연습을 먼저 하면 좋습니다.

② 핵심 단어를 붙임 종이에 적을 때, 중요하다고 생각하는 까닭도 함께 적어 보면 좋습니다.

3차시

‘단어로 요약하기’ 수업 한눈에 보기

● 활동 방법

① 핵심 단어 찾기

– 각자 책에서 중요하다고 생각하는 핵심 단어 7~8개 찾기

– 핵심 단어 붙임 종이에 하나씩 적기

② 핵심 단어 선정하기

– 비슷하거나 관련된 단어끼리 묶기

– 책 내용을 간추리는 데 꼭 필요한 단어 7~8개 선정하기
(모둠 또는 학급 전체 활동)(ON 멘티미터)

③ 책 내용 요약하기

– 핵심 단어를 활용해 책 내용 요약하기

– 서로의 글 읽기 (ON 패들렛)

*** 교과 연계**

– 6학년 2학기 국어 7단원. 중요한 내용을 요약해요
(글의 구조에 따라 요약하기)

– 6학년 1학기 국어 2단원. 이야기를 간추려요
(이야기를 읽고 요약하기)

❹ 4차시: 인물 관계도 그리기(읽기 후)

책에 등장하는 인물의 특징을 정리하고 인물 관계도를 그리는 활동입니다. 인물 사이의 다양한 관계들을 정리하며 학생들은 글 내용을 쉽게 파악할 수 있습니다. 또한 등장 인물의 말과 행동을 깊게 살펴 보며 인물의 마음에 공감할 수 있습니다.

● 활동 방법

(1) 등장 인물 정리하기

준하, 영운, 다희 등 책의 주요 등장 인물의 특징(말과 행동, 성격 등)을 활동지에 정리합니다. 이때, 등장 인물의 특징을 잘 보여줄 수 있는 책의 구절을 함께 적어주면 좋습니다.

(2) 인물 관계도 그리기

인물들의 특징을 정리했다면, 인물 간의 관계를 화살표, 글, 표정 이모티콘을 이용해 표현합니다. 예를 들어, 준하와 영운이는 갈등을 겪기 때문에 붉은색 화살표(↔)로 표시하고, '갈등 관계'라고 적을 수 있습니다. 또한 다희는 준하를 좋아하지만, 준하는 그렇지 않기 때문에 서로 다른 색의 화살표로 표시해 주면 인물들의 관계를 한 눈에 살펴볼 수 있습니다. 인물들의 관계가 어땠는지 생각해보면서 학생들은 등장 인물에 대한 이해도가 깊어질 수 있습니다. 완성된 작품은 서로 공유해 부족한 부분은 추가할 수 있도록 합니다.

＊ 교과 연계

– 6학년 1학기 국어 8단원. 인물의 삶을 찾아서
(인물이 추구하는 가치 파악하기, 문학 작품 속 인물 소개하기)

미리캔버스 활용하기

미리캔버스를 이용해서 인물 관계도를 만들어봐요! 미리캔버스는 다양한 템플릿이 준비돼 있어 손재주가 없는 학생들도 쉽게 멋진 작품을 만들 수 있어요. 만든 작품은 이미지로 저장해 다른 친구들과 공유할 수 있어요.

● 활동 Tip

① 개인 활동으로 진행하기에 어려움이 있는 경우, 모둠활동으로 진행하면 학생들이 조금 더 쉽게 관계도를 그릴 수 있습니다. 각 학급의 수준에 맞게 진행하면 됩니다.

② TV 프로그램이나 영화의 인물 관계도를 예시로 보여 주면 쉽게 이해할 수 있습니다.

4차시

'인물 관계도 그리기' 수업 한눈에 보기

● 활동 방법

① 등장 인물 정리하기

– 인물의 말과 행동 등을 찾아 보기
– 이를 바탕으로 인물의 특징 정리해 활동지에 적기

② 인물 관계도 그리기

– 인물들 사이의 관계를 화살표, 글, 표정 이모티콘으로 표현하기
(ON 미리캔버스)
– 다른 사람 작품 공유하고 부족한 부분 추가하기

*** 교과 연계**
– 6학년 1학기 국어 8단원. 인물의 삶을 찾아서
(인물이 추구하는 가치 파악하기, 문학 작품 속 인물 소개하기)

● 활동 사진

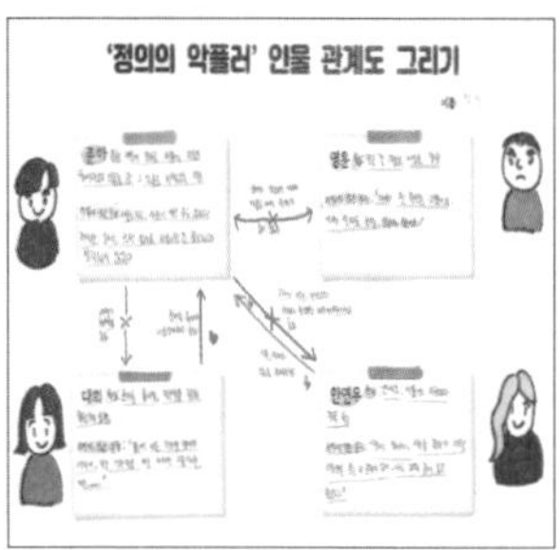

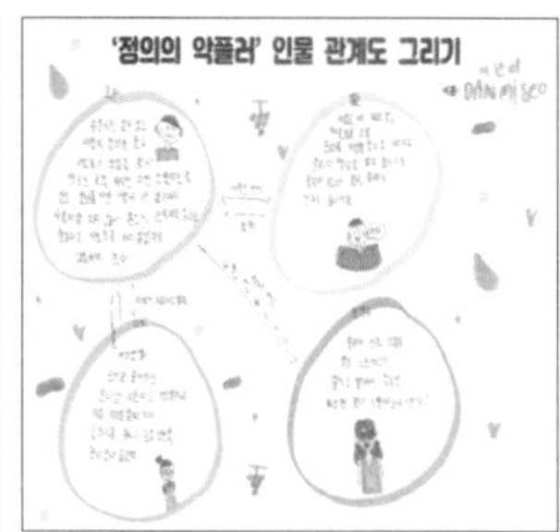

인물 관계도 (1)

인물 관계도 (2)

⑤ 5차시: 감정변화 그래프 만들기(읽기 후)

우리는 책을 읽으며 주인공들이 겪는 일을 간접적으로 경험하고, 이를 해결하는 과정에서 느끼는 감정들에 공감할 수 있습니다. 주인공의 감정변화 그래프를 그려보며 타인을 이해하는 깊이를 더하고, 다른 사람의 감정 흐름에 공감하는 연습을 할 수 있습니다.

● 활동 방법

(1) 주인공의 마음 살펴 보기

책을 다시 보며 주인공 준하는 언제 행복했고, 슬펐는지 살펴 보고 활동지에 적어 봅니다. 적은 내용은 발표해보며 주인공이 책에서 다양한 감정을 느꼈음을 이해합니다.

(2) 감정변화 그래프 항목 정하기

주인공 준하의 감정변화 그래프를 그립니다. 먼저 3차시에서 요약한 내용을 바탕으로 그래프의 가로 항목에 책의 중요 사건을 적습니다. 그리고 [슬픔/우울]을 0, [기쁨/행복]을 10으로 해 그래프의 세로 항목을 설정합니다. 이때 중간 숫자인 5는 보통의 감정 상태라고 안내합니다.

〈감정변화 그래프 가로 척도 예시〉

1	2	3	4	5	6
준하는 태오에게 열쇠를 받게 됨	준하는 열쇠로 자신을 괴롭히는 영운이의 비밀을 알게 됨	'정의의 악플러' 이름으로 영운이의 비밀을 폭로하는 글을 씀	영운이가 친구들로부터 따돌림을 당함	이후에도 다희, 한연우 등에게 악플을 남김	자신의 행동을 반성하고 열쇠를 사용하지 않겠다고 다짐함

(3) 감정변화 그래프 그리기

상황별로 주인공의 감정은 어땠을지 생각해 봅니다. 0(슬픔/우울)부터 10(기쁨/행복) 중에 해당 상황에서 주인공의 마음은 어떤 숫자일지 짐작해서 해당 칸에 점을 찍습니다. 이때 상황별 주인공이 느

에듀테크 ON 멘티미터 활용하기

멘티미터의 'scales'를 활용해보세요. statements에 이야기 상황별로 각 항목을 입력하고 Custom low(high) label에 슬픔, 우울 척도, 기쁨, 우울 척도를 10점으로 해 학생들은 상황별 주인공의 감정을 숫자로 표현합니다. 학생들이 투표한 감정들의 평균값을 선으로 연결해 그래프로 나타내 보아요.

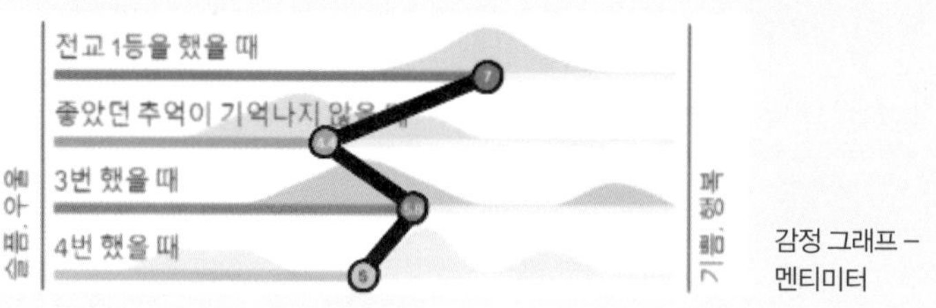

감정 그래프 – 멘티미터

꼈을 마음(미안함, 통쾌함, 긴장감 등)을 간단하게 적어 보는 것도 좋습니다. 그다음 체크한 점들을 선으로 연결해 그래프로 만들어 봅니다.

(4) 주인공의 마음에 공감하기

친구들이 그린 그래프와 자신의 그래프를 비교한 후 만약 자신이 인물과 똑같은 상황이라면 어떤 감정일지 이야기합니다. 그리고 자신도 주인공과 비슷한 경험이 있는지 생각해서 적어 보며, 준하에게 응원의 글을 남기며 활동을 마무리합니다.

● 활동 Tip

– 그래프는 막대그래프, 꺾은선 그래프 등으로 다양하게 표현할 수 있습니다.

5차시
'감정변화 그래프 만들기' 수업 한눈에 보기

●활동 방법

① 주인공의 마음 살펴 보기
- 주인공 준하가 언제 기쁨(행복), 슬픔(우울)을 느꼈는지 찾아 적어 보기
- 발표해보며 주인공이 책에서 다양한 감정을 느꼈음을 이해하기

② 감정변화 그래프 항목 정하기
- 가로축 : 책의 중요한 사건
- 세로축 : 감정 가치 척도, [슬픔/우울] 0점 ~ [행복/기쁨] 10점

③ 감정변화 그래프 그리기
- 사건에 따른 주인공의 감정을 가치 척도에 따라 짐작하고, 결과를 선으로 연결하기 (ON 멘티미터)

④ 주인공의 마음에 공감하기
- 주인공과 비슷한 경험이 있는지 이야기하거나 친구 경험 듣기
- 주인공의 마음에 공감해 응원의 글 남기기

●활동 사진

10(기쁨/행복)		[illegible]				
9		[illegible]				
8		[illegible]		[illegible]		
7			[illegible]	[illegible]		[illegible]
6	[illegible]		[illegible]	[illegible]		[illegible]
5	[illegible]		[illegible]		[illegible]	[illegible]
4						
3						
2						
1						
0(슬픔/우울)						
준하의 감정	1번	2번	3번	4번	5번	6번
지난 시간에 요약한 한 문장 적기	[illegible]	[illegible]	[illegible]	[illegible]	[illegible]	[illegible]

감정 그래프 활동지

❻ 6차시: 가치 사전 만들기(읽기 후)

학생들 저마다의 생각이 다르기 때문에, 하나의 가치에 대한 생각 또한 다양합니다. 이번 차시는 책에서 가장 중요한 가치 중 하나인 '정의'에 대한 내 생각을 정리해 '가치 사전'을 만들어 보는 활동입니다. 이번 활동을 통해 학생들은 어떤 행동이 정의로운 행동인지 생각해보며, 7차시 신호등 토론(가치판단) 수업을 위한 준비를 할 수 있습니다.

● 활동 방법

(1) 가치 사전 디자인하기

'정의'란 무엇일지 이야기해 봅니다. 이어 '정의', '정의로운 행동' 하면 생각나는 이미지를 자유롭게 떠올려봅니다. 그다음 '정의'의 사전적인 의미를 함께 알아봅니다. 그다음 가치 사전에 들어갈 항목들을 살펴 보며 가치 사전을 만들기 위한 준비를 합니다.

〈가치 사전에 들어갈 내용 예시〉

① 정의	교과서에 나온 정의가 아니라 나의 언어로 정의하기 예) 정의: 다른 사람에게 피해를 주지 않고 올바르게 행동하는 것
② 중요성	이 가치가 중요한 이유 적기 예) 정의롭게 행동해야 모두가 행복한 세상이 될 수 있기 때문에 '정의'는 중요하다.
③ 비유	가치를 다른 대상에 빗대어 표현하기 예) 정의는 교과서다. 모두에게 도움이 되기 때문이다.
④ 문장 만들기	가치를 넣어 문장 만들기 예) 정의로운 세상이 모두가 행복한 세상이다.

* 이 외에도 색, 예시 등의 요소를 추가할 수 있습니다.

멘티미터 활용하기

정의에 대한 우리 반 친구들의 생각을 한눈에 보고 싶다면 멘티미터를 활용해봐요! 'Word cloud'를 활용해서 수업 전 미리 '정의', '정의로운 행동'하면 떠오르는 것들을 2~3개 정도 생각해서 적고, 가치 사전 만들기 전에 함께 확인해보면 좋습니다.

'정의', '정의롭다'하면 떠오르는 것은?

정의
멘티미터

(2) 가치 사전 만들기

'정의' 가치 사전을 만드는 활동입니다. 정의, 중요성, 비유, 문장 만들기, 예시 등을 넣어 가치 사전을 완성합니다. 개인으로 활동을 진행하기 어려운 경우에는 화이트보드나 8절지 크기의 종이에 항목을 나누어 모둠별로 진행해도 좋습니다. 가치 사전이 완성되면 서로의 작품을 살펴 보며 이야기 나누는 시간을 가져보며 하나의 가치에 대해서도 사람마다 생각이 다르다는 것을 이해할 수 있습니다.

● 활동 Tip

– 가치 사전을 꾸미는 활동보다는 '정의', '정의로운 행동'이 무엇일지에 대한 생각을 깊게 하는 게 중요하다는 것을 지도합니다.

6차시
'가치 사전 만들기' 수업 한눈에 보기

● 활동 방법

① 가치 사전 디자인하기

– 정의', '정의로운 행동'하면 떠오르는 것 이야기하기 (ON 멘티미터)

– 가치 사전에 들어갈 요소 정하기

〈가치 사전에 들어갈 내용 예시〉

① 정의	교과서에 나온 정의가 아니라 나의 언어로 정의해보기 예) 정의: 다른 사람에게 피해를 주지 않고 올바르게행동하는 것
② 중요성	이 가치가 중요한 이유 적어 보기 예) 정의롭게 행동해야 모두가 행복한 세상이 될 수 있기 때문에 '정의'는 중요하다.
③ 비유	가치를 다른 대상에 빗대어 표현해보기 예) 정의는 교과서다. 모두에게 도움이 되기 때문이다.
④ 문장 만들기	가치를 넣어 문장 만들어 보기 예) 정의로운 세상이 모두가 행복한 세상이다.

* 이 외에도 색, 예시 등의 요소를 추가할 수 있습니다.

② 가치 사전 만들기

– 정의, 중요성, 비유 등을 정리해 가치 사전으로 표현하기

– 친구들의 가치 사전과 비교하고 공유하기

● 활동 사진

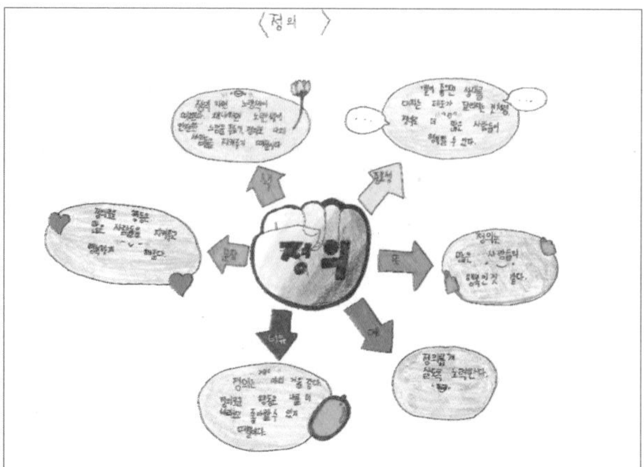

정의 가치 사전 (1)

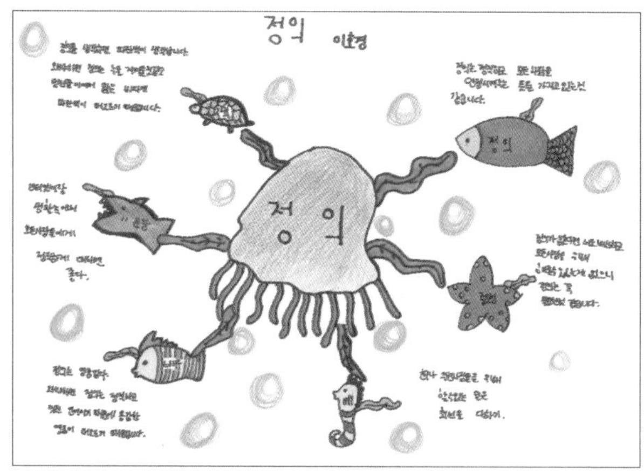

정의 가치 사전 (2)

❼ 7차시: 신호등 토론하기(읽기 후)

지난 시간에 정리한 '정의' 가치 사전을 활용해, 주인공 준하의 행동에 대해 신호등 토론을 하는 차시입니다. 신호등 토론은 자신의 의견을 신호등의 3색(빨강, 노랑, 초록)에 빗대어 표현하는 토론 방식입니다. 논제로 '익명으로 다른 사람을 비난하는 글을 쓴 준하의 행동은 정의로운 행동일까요?'(예시)에 대한 자신의 의견을 근거와 함께 제시하고, 다른 친구들과 함께 이야기해보는 활동을 통해 주인공의 행동에 대해 가치판단을 해 볼 수 있습니다.

● 활동 방법

(1) 토론 준비하기

지난 차시에 그린 가치 사전을 살펴 보며 정의로운 행동이란 무엇인지 이야기해 봅니다. 준하가 '정의의 악플러' 이름으로 영운이에게 한 행동은 무엇이었는지, 준하가 이러한 행동을 하게 된 이유를 생각해서 이야기해보며 신호등 토론을 준비합니다.

〈토론 준비하기 단계 질문 및 예시 답변〉

정의로운 행동은 무엇일까요?	옳고 바른 행동입니다.
준하가 '정의의 악플러' 이름으로 영운이에게 한 행동은 무엇인가요?	영운이의 비밀(어렸을 때 말을 더듬어 친구들에게 무시 받았던 것)을 학교 게시판에 익명으로 올렸습니다.
준하가 이러한 행동을 하게 된 이유는 무엇일까요?	– 미술 학원에서 자기 붓을 마음대로 남의 물통에 넣었습니다. – 축구를 하다가 다른 친구를 다치게 했는데 사과를 하지 않았습니다. – 잘못한 사람은 반드시 대가를 치르는 것이 정의로운 사회이기 때문입니다.

(2) 신호등 토론하기 – 의견 정하기

다음과 같은 토론 주제를 제시할 수 있습니다.

준하의 행동은 정의로운 행동일까?

여기서 준하의 행동이란 열쇠를 통해 알아낸 상대방의 비밀을 폭로하거나 익명으로 다른 사람을 비난하는 글을 쓴 것입니다. 빨간불은 '정의롭지 못한 행동이다.' 노란불은 '중립' 녹색불은 '정의로운 행동이다.' 라는 의미입니다. 활동지에 3색 중 하나를 고르고, 그렇게 생각한 이유를 적어 봅니다.

(3) 신호등 토론하기 – 의견 나누기

색깔 붙임 종이나 자석 화이트보드에 자신의 이름을 써서 칠판의 해당하는 곳에 붙입니다. '정의로운 행동이다, 중립, 정의롭지 못한 행동이다' 각 입장에 대한 의견을 모둠 혹은 전체적으로 나눠 보며 토론 활동을 진행합니다.

*** 교과 연계**
- 5학년 2학기 국어 6단원. 타당성을 생각하며 토론해요 (글을 읽고 토론하기)
- 5학기 도덕 1단원. 바르고 떳떳하게 (올바른 선택을 해요)
- 6학년 1학기 국어 5단원. 글에 담긴 생각과 비교해요 (자신의 생각과 상대방의 생각을 비교하며 토론하기)

(4) 신호등 토론하기 – 최종 의견 정하기

친구들의 이야기를 듣고 난 뒤, 생각이 바뀌었다면 자신의 의견을 바꿉니다. 생각이 바뀌지 않았다면 다른 친구의 좋은 근거를 보충하여 최종 의견을 적어 봅니다. 생각이 바뀐 친구들은 칠판에 자신의 이름을 옮기고 그 이유도 이야기합니다. 마지막으로 평상시에 나는 정의롭게 행동하고 있는지를 되돌아보며 활동을 마무리합니다.

● 활동 Tip

① 책의 결말 때문에 준하의 행동이 정의롭지 않다고 생각하는 친구들이 많습니다. 준하가 왜 악플을 달게 됐는지, 영운이가 준하에게 잘못한 점들을 강조해 찬성, 중립, 반대 의견 모두 고루 나올 수 있도록 합니다.

② 준하의 행동이 정의롭지 않았다면, 어떻게 했어야 정의로운 행동이었을지 이야기해보는 것도 좋습니다.

패들렛, 띵커보드

신호등 토론을 실시간으로 하고 싶다면 패들렛의 '담벼락'이나 '그리드', 띵커보드를 활용해요. 우리 반 전체 친구들의 생각을 쉽고 빠르게 알 수 있어요. 친구들의 의견을 듣고 생각이 바뀐다면 자신의 글의 수정하고 색깔을 바꿔서 옮겨주면 됩니다.

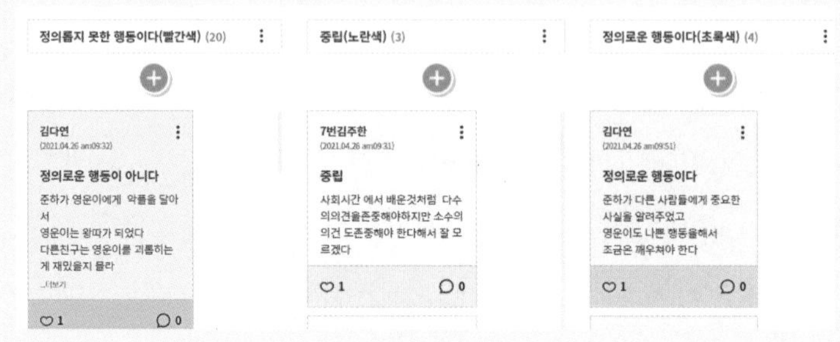

정의의 악플러 패들렛

7차시

'신호등 토론하기' 수업 한눈에 보기

● 활동 방법

① **토론 준비하기**

– 전 차시에 만든 가치 사전 확인하기

– 질문을 통해 토론 준비하기

〈토론 준비하기 단계 질문 및 예시 답변〉

질문	예시 답변
정의로운 행동은 무엇일까요?	옳고 바른 행동입니다.
준하가 '정의의 악플러' 이름으로 영운이에게 한 행동은 무엇인가요?	영운이의 비밀(어렸을 때 말을 더듬어 친구들에게 무시 받았던 것)을 학교 게시판에 익명으로 올렸습니다.
준하가 이러한 행동을 하게 된 이유는 무엇일까요?	– 미술 학원에서 자기 붓을 마음대로 남의 물통에 넣었습니다. – 축구를 하다가 다른 친구를 다치게 했는데 사과를 하지 않았습니다. – 잘못한 사람은 반드시 대가를 치르는 것이 정의로운 사회이기 때문입니다.

② **신호등 토론하기 – 의견 정하기**

– 토론 주제 : 준하의 행동은 정의로운 행동일까?

– 초록색 : 정의로운 행동이다.

– 노란색 : 중립 의견.

– 빨간색 : 정의롭지 못한 행동이다.

– 자신의 의견을 정한 후, 그렇게 생각한 이유 적기 (ON 패들렛, 띵커보드)

③ **신호등 토론하기 - 의견 나누기**

- 색깔 붙임 종이나 자석 화이트보드에 자신의 이름을 써서 칠판의 해당하는 곳에 붙이기
- '정의롭다, 중간의견, 정의롭지 못하다' 각 입장에 대한 의견을 모둠 혹은 전체적으로 나누기

*** 교과 연계**

- 5학년 2학기 국어 6단원. 타당성을 생각하며 토론해요 (글을 읽고 토론하기)
- 5학기 도덕 1단원. 바르고 떳떳하게 (올바른 선택을 해요)
- 6학년 1학기 국어 5단원. 글에 담긴 생각과 비교해요 (자신의 생각과 상대방의 생각을 비교하며 토론하기)

---

④ **신호등 토론하기 - 최종 의견 정하기**

- 친구들의 이야기를 듣고 난 뒤, 생각이 바뀌었다면 자신의 의견을 바꾸고 칠판에 자신의 이름 옮기기
- 생각이 바뀌지 않았다면 다른 친구의 좋은 근거를 적어 최종 의견 완성하기
- 마지막으로 평소 나는 정의롭게 행동하고 있는지를 되돌아 보기

● 활동 사진

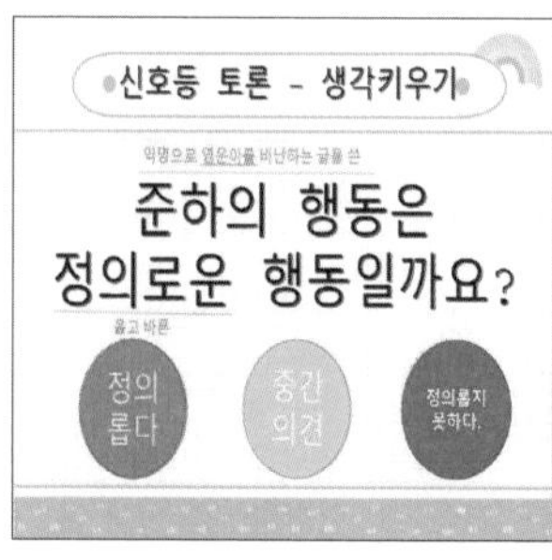

신호등 토론

신호등 토론 수업 사진

❽ 8차시: 가치보석 찾아보기(읽기 후)

학생들은 책을 통해 다양한 가치를 이해하고 배울 수 있습니다. 이 책에서 찾아볼 수 있는 다양한 가치보석들을 찾아보고, 그 가치에 대해 이해하고, 마음속 깊이 새길 수 있는 계기를 만들어 주기 위한 수업입니다.

● 활동 방법

(1) 가치보석 찾아보기

다양한 가치보석을 준비해야 합니다. 학생들은 이 가치보석 중 책과 관련이 있는 것을 1가지 이상 찾고, 내가 선택한 가치와 그 가치를 뽑은 이유를 붙임 쪽지에 적습니다. 그리고 다른 친구들은 어떤 가치를 찾았는지 살펴 보고 서로 이야기를 나눕니다.

〈가치보석 찾아보기 예시〉

내가 찾은 가치보석	이유
책임	내가 별 생각 없이 하는 말들이 다른 사람에게는 큰 상처가 될 수 있다는 사실을 보며, 내가 하는 말과 행동에 책임을 져야 한다는 것을 알게 됐기 때문입니다.

책임 가치보석

(2) 가치보석 실천하기

이전 활동에서 자신이 찾은 가치보석을 실천하기 위한 방법을 생각해 봅니다. 생각해 본 방법 중 내가 실천할 수 있는 것을 골라 실천 계획을 세워봅니다. 주어진 기간 동안 실천해보고 느낀 점과 앞으로의 다짐을 적어 보며 활동을 마무리합니다. 이 활동을 통해 책과 실제 삶을 연결 지으며, 생활 속에서 다양한 가치들을 실천할 수 있도록 지도할 수 있습니다.

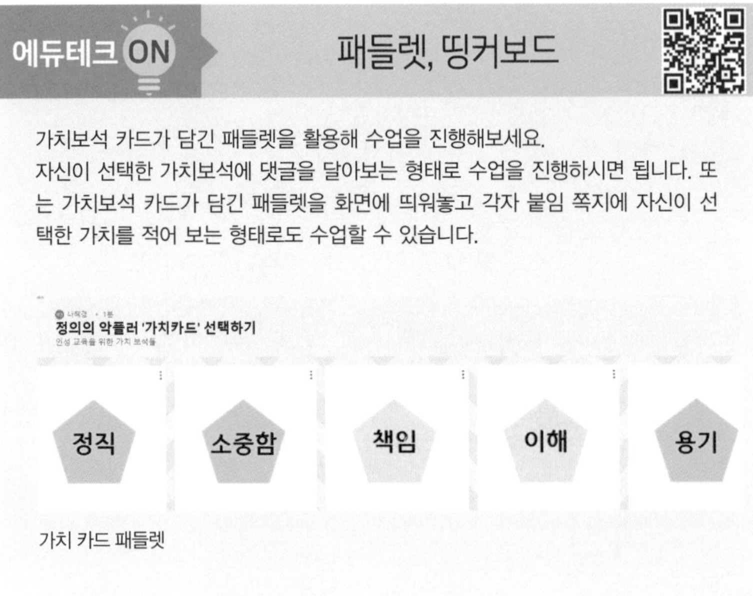

에듀테크 ON　패들렛, 띵커보드

가치보석 카드가 담긴 패들렛을 활용해 수업을 진행해보세요.
자신이 선택한 가치보석에 댓글을 달아보는 형태로 수업을 진행하시면 됩니다. 또는 가치보석 카드가 담긴 패들렛을 화면에 띄워놓고 각자 붙임 쪽지에 자신이 선택한 가치를 적어 보는 형태로도 수업할 수 있습니다.

가치 카드 패들렛

● 활동 Tip

① 실천 방안은 사소한 것이라도 좋으니 실제로 실천할 수 있는 것으로 적도록 지도해야 합니다.

② 학급별 상황에 맞게 실천 기간을 정하면 됩니다. (3일~14일 정도)

8차시
'가치보석 찾아보기' 수업 한눈에 보기

● 활동 방법

① 가치보석 찾아보기

- 책의 내용과 관련된 가치보석 찾아보기
- 자신이 찾은 가치와 그 가치를 찾은 이유 적어 보기 (ON 패들렛)

〈가치보석 찾아보기 예시〉

내가 찾은 가치보석	이유
책임	내가 별 생각 없이 하는 말들이 다른 사람에게는 큰 상처가 될 수 있다는 사실을 보며, 내가 하는 말과 행동에 책임을 져야 한다는 것을 알게 됐기 때문입니다.

책임 가치보석

② 가치보석 실천하기

- 가치보석을 실천하기 위한 방법 생각해 보고 실천 계획 세우기
- 실천 기간동안 실천하고 느낀 점, 앞으로의 다짐 적어 보기

● 활동 사진

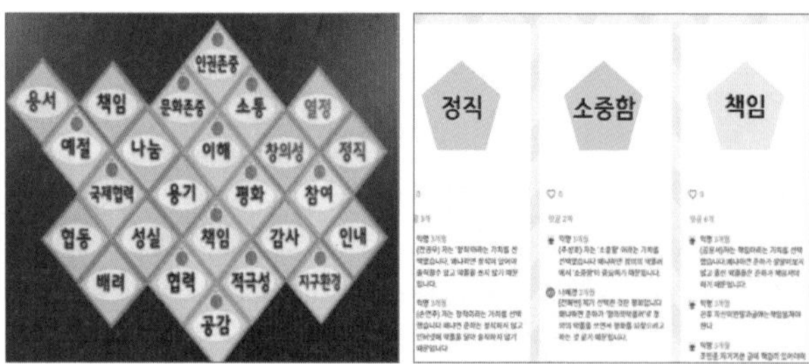

가치 보석 카드 활용　　　　패들렛 활용

❾ 9~10차시: 가치 보석 실천하기(읽기 후)

학생들이 실천하기로 다짐한 가치들을 다른 학급 학생들도 실천할 수 있도록 홍보하는 포스터를 제작하는 활동입니다. 미술 시간과 연계해 수업을 진행할 수 있습니다. 그리고 '정의의 선플러'가 돼 보기 위해 친구들의 작품에 붙임 쪽지를 이용해 선플을 달아 주는 캠페인을 진행합니다.

● 활동 방법

(1) 포스터 제작하기

지난 차시에 자신이 지키기로 다짐한 '가치 보석을 실천하자'라는 내용의 포스터를 만들어 봅니다. 미술 시간과 연계해 수업할 수 있습니다.

*** 교과 연계**
– 미술. 광고, 포스터 만들기

에듀테크 ON 미리캔버스 활용하기

포스터를 쉽고, 편하게 만들고 싶다면? 미리 캔버스를 활용해보세요.
학급 단체 계정을 신청해 사용할 수 있어요. 미리캔버스에는 다양한 일러스트 및 템플릿이 무료로 개방돼 있기 때문에 학생들은 디자인 및 표어 문구만 고민하면 포스터를 쉽게 제작할 수 있습니다.

(2) '정의의 선플러' 운동하기

친구들이 만든 포스터를 교실 환경판이나 칠판에 게시하고 붙임 쪽지를 이용해 '선플 달기' 운동을 합니다. 친구의 작품이 어떤 점이 잘 됐는지 구체적으로 칭찬을 적고 작품에 붙입니다. 학교 전체 게시판이나 학년 복도에 전시해 다른 반 친구들도 가치 보석 실천 방안들을 공유할 수 있도록 하면 좋습니다.

패들렛, 띵커보드 활용하기

패들렛의 '담벼락' 또는 띵커보드를 활용해 미리캔버스로 만든 작품을 패들렛에 올린 후 댓글 기능을 활용해 선플 달기 운동을 실천해보아요!

● **활동 Tip**

① 포스터 제작, 정의의 선플러 활동까지 진행하려면 2차시의 시간으로 부족할 수 있습니다. 학급 상황에 맞게 활동을 조정해 진행하시면 됩니다.

② 개인, 짝, 모둠 활동 중 선택해 수업하시면 됩니다. 모둠 이나 짝 활동 시에 서로 선택한 가치가 같은 아이들을 묶어 주시면 좋습니다.

② 선플 달기 운동을 할 때, 친구들의 작품에서 찾을 수 있 는 잘한 점을 구체적으로 칭찬할 수 있도록 해야 합니다.'악플러'가 되지 않도록 미리 교육을 하는 것이 좋습니다.

9~10차시

'가치보석 실천하기' 수업 한눈에 보기

● 활동 방법

① 포스터 제작하기

- 가치보석 포스터 제작하기 (ON 미리캔버스)

> *** 교과 연계**
> - 미술. 광고, 포스터 만들기

② '정의의 선플러' 운동

- 친구들의 작품에 선플달기 (ON 패들렛, 띵커보드)
- 다른 반 학생들도 볼 수 있는 곳에 전시해 가치 포스터 공유하기

● 활동 사진

가치보석 포스터

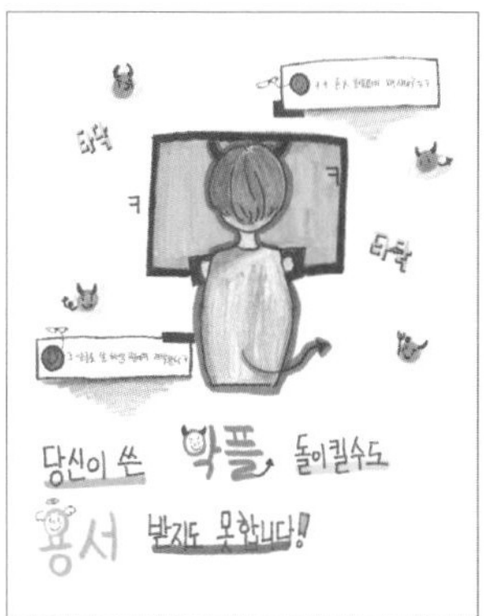

가치보석 포스터

4부

온책읽기 추천 도서

1장

3·4학년 추천 도서

1	**건방진 장루이와 68일** 황선미 글/수신지 그림 | 위즈덤하우스	#친구 관계 #전학생 #갈등 해결 #밀웜(미래 식량)

나서지 않고 조용한 윤기와 누군가 자길 알아봐 주길 기다리는 전학생 장루이가 친구가 되는 과정을 담은 책. 친구를 사귀면서 생기는 갈등은 누구나 겪을 수 있음을 또 갈등을 풀어가고 서로의 마음을 확인하는 것의 중요함을 말해 주는 이야기

2	**소문 바이러스** 최형미 글/이갑규 그림 | 킨더랜드	#바이러스 #소문 #어떤 것이든 멀리서 보면 제대로 알 수가 없다.

어느 날 반 학생 한 명이 쓰러진다. 이 교실에서 시작된 바이러스는 학교뿐만 아니라 동네까지 두려움에 떨게 한다. 바이러스로 인해 생긴 소문, 아이들의 행동, 어른들의 행동을 보여주며 위기를 어떻게 극복해 나가는지 보여주는 이야기.

3	**우리들끼리 해결하면 안될까요** 박신식 글/ 김진희 그림 | 내일을여는책	#학교 폭력위원회 #다툼 화해서 #아이들 싸움이 부모님 싸움으로

남자 회장인 동해와 여자 회장인 예나가 싸우는 과정, 화해하는 과정, 그 과정에서 나오는 다른 아이들, 부모님의 상황 등을 담은 이야기. 친구와 다퉜을 때 어떻게 행동해야 할지에 대해 이야기해볼 수 있는 책.

4	**가정통신문 소동** 송미경 글/ 황K 그림 | 위즈덤하우스	#이상한 가정통신문 #동전 #벌레 #교장 선생님

새로운 교장 선생님이 오시고 나서 이상한 가정통신문이 나오기 시작했다. 교장 선생님이 보낸 가정통신문이 가져온 변화와 부모님과 함께 시간을 보내는 아이들의 마음을 알 수 있는 이야기.

5	**달곰쌉쌀한 귓속말** 임근희 글	원유미 그림	잇츠북어린이	#삼총사 #뒷담화 #절교 #화해

은지와 절친인 세나는 함께 다니는 미래에게 은지를 빼앗길까 두려워하며 뒷담화, 차갑게 말하기 등의 행동을 통해 서로의 마음에 상처를 주게 된다. 어느 날 은지가 세나와 미래에게 절교를 선언하게 되고 그 일을 통해 서로의 잘못을 되돌아보며 자신이 한 행동을 반성하고 화해하는 이야기.

5·6학년 추천 도서

1	**마지막 이벤트** 유은실 글 / 강경수 그림	비룡소	#할아버지 #가족사랑 #장례식 #삶과 죽음

할아버지가 돌아가시고 할아버지의 장례를 치르면서 겪는 이야기를 담은 책. 죽음과 장례식, 그리고 장례식에 참석한 사람들의 마음을 이해할 수 있는 책.

2	**분홍문의 기적** 강정연 글 / 김정은 그림	비룡소	#지금 만나러 갑니다. #엄마의 환생 #가족의 행복

엄마가 사고로 하늘나라로 떠나게 되고 그 이후 아빠와 아들 박향기는 더 이상 행복하지 않다. 그러던 어느 날 엄마가 집으로 돌아오게 되고 엄마와 함께 하는 마지막 72시간을 통해 아빠와 향기가 다시 행복해지는 과정을 담은 이야기.

3	**푸른 사자 와니니** 이현 글 / 오윤화 그림	창비	#사자 #성장 #나는 약하지만 우리는 강해

쓸모없다는 이유로 무리에서 쫓겨난 사자 와니니가 초원을 떠돌며 겪는 일들을 담은 책. 사자뿐만 아니라 다양한 동물들이 저마다의 방식으로 살아가는 세렝게티 초원의 조화로운 모습과 와니니의 성장기를 담은 이야기.

4	**나는 북한에서 온 전학생** 허순영 글/고수 그림 ǀ 노란돼지	#탈북민 #우정 #전학생 #행복

북한에서 온 민철이가 학교와 가정에서 겪는 차별과 어려움을 극복하며 성장하는 이야기. 북한과 남한의 생활 문화 차이와 남한, 북한에 가지고 있는 편견이 이야기에 자연스럽게 담겨 있어 아이들이 흥미를 느낄 수 있는 책.

5	**행복마트 구양순 여사는 오늘도 스마일** 조경희 글/원정민 그림 ǀ 나무생각	#감정노동 #노란 조끼 #고객은 왕

행복마트에서 일하는 구양순 여사는 사장 앞에서 스마일 미소를 점검받고 고객들에게 90도 각도로 허리를 굽혀 인사한다. 고객만 왕인 걸까? 노동의 참다운 가치, 감정 노동에 대한 이야기가 담겨 있는 책.

6	**봉주르, 뚜르** 한윤섭 글/김진화 그림 ǀ 문학동네	#조국 #추리 #편견 #우정

프랑스 소도시 뚜르로 이사를 온 봉주는 낡은 책상에서 한글을 발견한다. '사랑하는 나의 조국, 살아야 한다.' 이 글귀의 주인을 찾기 위한 봉주의 상상력과 그 과정에서의 추리가 흥미로운 책.

7	**기호 3번 안석뽕** 진형민 저/한지선 그림 ǀ 창비	#선거 #문제아 #P-MART #선거관리 위원회

공부보단 노는데 흥미가 있는 안석진은 자신과 친하게 지내는 기무라(김을하), 조조(조지호) 덕분에 얼떨결에 전교학생회 회장선거에 나가게 된다. 어떻게 하면 선거에서 이길 수 있을까? 공약이 무엇인지도 모르는 안석진이 그렇게 싫어하던 안석뽕이라는 별명을 외치며 선거에 도전하는 이야기. 재래시장과 대형마트와의 갈등 또한 엿볼 수 있는 책.

8	**열세 살의 덩크슛** 이나영 글/국민지 그림 ǀ 위즈덤하우스	#떡집 #농구 #뭐가 될지 지금 정해야 해?

열세 살, 자신감 넘치는 하나. 유명 연예인을 꿈꾸던 하나는 전학한 학교에서 농구부에 들어가게 된다. 짝이 된 계인이와 농구부 지수를 만나면서 자신이 정말 좋아하는 게 무엇인지 꿈에 대해 다시 생각하게 되는 이야기.